Kultbuch
ENGLAND

Matthias Vogt

Kultbuch ENGLAND

Alles was wir lieben: von Ascot bis zum Yorkshire Pudding

KOMET

www.komet-verlag.de
Text: Matthias Vogt
Covermotive: © dpa/picture alliance, Frankfurt am Main und mauritius images/Rosenfeld
Gesamtherstellung: KOMET Verlag GmbH, Köln
ISBN 978-3-86941-176-7

Inhalt

Vorwort

England – der bevölkerungsreichste und älteste Teil des Königreichs von Großbritannien und Nordirland, das Land von Eton und Oxbridge, von Shakespeare und Newton, von Fish and Chips und Christmas Pudding. Das Land mit der größten Dichte an Gentlemen, an Sexskandalen und lila gefärbten Seniorinnen. Der Engländer hängt an Traditionen, ist besonders höflich, entschuldigt sich für alles, nur dafür nicht, dass er schon immer darauf pochte, sein eigenes Süppchen in Europa zu kochen. A propos: Der Witz, dass ein Kochbuch mit Gerichten des Landes das dünnste Buch der Welt sei, muss von einem Franzosen kommen. Schon Misses Beeton konnte in ihrem Standardwerk der englischen Küche mehr als 1000 Seiten mit Rezepten füllen – nicht alles daraus sei hier empfohlen.

Kultiges, wohin man blickt: Der Engländer verehrt die Königin, er hält seine Insel für den Mittelpunkt der Welt, ist Snob, Dandy oder Gentleman. Er fährt Rolls-Royce, natürlich rechts gesteuert oder, heißt er Bond, James Bond, einen schnittigen Aston. In London, der Stadt von Big Ben und Buckingham Palast, wählt er das Taxi und wünscht sich den Routemaster, den hinten offenen Doppeldecker-Bus zurück. Er hat ein ausgezeichnetes Verhältnis zur eigenen Geschichte, denkt begeistert an die Zeiten zurück, als es Lord Nelson gelang, die Franzosen zu schlagen und verflucht den Tag, als nicht mehr die Kreidefelsen von Dover das erste waren, was ein Besucher von seiner Insel zu sehen bekam, sondern die Ausfahrt aus einem Tunnel. Er ist sehr sportbegeistert, schließlich hat er nicht nur Fußball und Rugby erfunden, und schwört aufs Pfund, seit Jahrhunderten seine Währung. Am liebsten würde er, der noch mit Pint, Yard und Ounces rechnet, auch noch in Shillingen bezahlen.

Vieles davon beleuchtet dieses Buch genauer, wirft einen Blick auf englische Gärten, englischen Humor und englische Trinkgewohnheiten und hilft so, unsere Freunde von der Insel besser zu verstehen.

10 Downing Street

Number Ten Downing Street ist neben dem Buckingham-Palast und 221b Baker Street, dem Wohnort von Sherlock Holmes, die bekannteste Adresse Londons, ja des ganzen Landes. Hier in einem unscheinbaren Backsteinhaus mit einer schwarzen Tür wohnt und arbeitet der, so jedenfalls das Briefkastenschild, „First Lord of the Treasury", der Erste Lord des Schatzamtes. Das besondere an diesem ehrwürdigen Amt: Sein Inhaber ist seit 1905 immer gleichzeitig der Premierminister des Vereinigten Königreichs von Großbritannien und Nordirland.

Kaum etwas weist darauf hin, dass in dieser schlichten Sackgasse zu manchen Zeiten Weltpolitik gemacht wurde.

Letzter Akt: Die Familie Tony Blairs vor Nr. 10 Downing Street am Tag seiner Verabschiedung.

Nur ein meist gelangweilter Bobby stand früher vor der Tür. Kamen Staatsgäste zu Besuch, wurden die Sicherheitskräfte verstärkt, der einfache Besucher freundlich zurückgewiesen. Seit der Regierungszeit John Majors, der das schmale Haus in den 1990er Jahren bewohnte, hat sich das geändert, denn damals wurde sein Wohnsitz Ziel eines Granatwerfer-Anschlags der IRA. Die Schäden wurden ausgebessert, die Straße mit einem Eisentor abgesperrt.

Das von George Downing 1683 erbaute Gebäude wurde durch Georg II. Sir Robert Walpole, seinem Ersten Minister, zum Geschenk gemacht. Der lehnte ab und bat, es der Nation zu vermachen, um es als Residenz des Ersten Lords des Schatzamtes, zu nutzen.

Die äußerliche Schlichtheit, die allen Untertanen signalisieren soll: „Seht her, ich bin einer von euch" erinnert an Fürst Potemkin. Waren hinter dessen Fassaden jedoch nur Bruchbuden zu finden, verhält es sich in der Downing Street umgekehrt: Das Haus hat eine enorme Tiefe und verfügt über prächtige Räume, Büros und Wohnungen. Es ist mit den Nachbargebäuden verbunden, ein großer Vorteil, denn nebenan wohnt traditionsgemäß der Zweite Lord des Schatzamtes, der Finanzminister.

1066

Einem Comicstrip gleich zeigt der zeitgenössische, fast 70 m lange Teppich von Bayeux die Eroberung Englands 1066. Hier zu sehen: Der Tod König Haralds.

Ten sixty-six: Zu jener Zeit war England alles andere als geeint. Die Herrschaft über das Inselreich wechselte zwischen dänischen und angelsächsischen Königen. Als Edward der Bekenner (1041–1066), ihr letzter Vertreter, kinderlos starb, ließ sich sein Schwager, Harald, zum König krönen. Doch es gab noch andere Anwärter. Darunter der Herzog der Normandie, Wilhelm, der sich auf ein angebliches Versprechen Edwards berief, das ihn zu seinem Nachfolger bestimmte. Harald fühlte sich sicher. Er rechnete nicht damit, dass Wilhelm das Wagnis eingehen würde, mit einer Streitmacht übers Meer zu segeln. Er hatte sich geirrt. Am 28. September 1066 landete der Normannenherzog in England, am 14. Oktober kam es bei dem Küstenort Hastings zur Schlacht. Haralds Truppen waren denen Wilhelms zwar zahlenmäßig überlegen, aber unter den Normannen gab es erfahrenere Kämpfer und mehr Bogenschützen. Durch eine List gelang es ihnen, die Verteidigungsringe der Engländer zu durchbrechen und die Schlacht war so gut wie gewonnen. Da durchbohrte ein Pfeil Haralds Auge. Beim Versuch, ihn herauszuziehen, wurde er von normannischen Rittern getötet. Führungslos brach der letzte Widerstand zusammen. Wilhelm hatte gesiegt. In den folgenden Wochen unterwarf er große Teile des Landes. Zu seiner Hauptstadt wählte er, anders als seine Vorgänger, die in Winchester residierten, London und ließ sich, als erster englischer Monarch, am Weihnachtstag des Jahres 1066 in Westminster Abbey zum König krönen. Mit ihm, dem Eroberer, und seinen normannischen Rittern, hielt die französische Kultur Einzug. Er pendelte von nun an zwischen seinen beiden Ländern und verbrachte viel Zeit damit, Kriege zu führen und seine Herrschaft zu festigen. In der Nähe von Rouen starb er 1087 einen qualvollen Tod.

Das markanteste Datum der englischen Geschichte. Das Jahr, in dem Wilhelm dem Eroberer die letzte erfolgreiche Invasion des Inselreichs gelang.

RO L D:REX:INTERFEC
TVS:EST

Ale

Na denn: Cheers!

Dem Deutschen ist sein Reinheitsgebot für Bier heilig. In England, wo das Ale, früher eine spezielle Sorte, heute neben dem Lager allgemein für „Bier" steht, existiert kein solches Gebot, wenn es hier auch Bestrebungen gibt, traditionelle Brau- und Ausschankmethoden zu bewahren. Die „Campaign for Real Ale" hat es sich zum Beispiel auf die Fahnen geschrieben, das Bier ohne den Zusatz von Kohlensäure reifen zu lassen und es auch rein mechanisch, per Hand und nicht mit Gas, vom Keller hochzupumpen. Doch unter der Zapfanlage endet die Kampagne. Im Glas landet nach wie vor eine nicht immer kühl servierte Flüssigkeit, deren Schaumkrone noch nicht einmal ein Haarreif ist.

Zum „Biertrinker des Jahres" wurde 2002 Prince Charles gewählt, der in seiner Rechten ein typisches Pint-Glas schwenkt.

Wer in einem englischen Pub ein „pint of ale" bestellt, erntet mitleidsvolle, oft ungeduldige Blicke, denn Ale ist nicht gleich Ale. Es existieren viele Sorten, denen die obergärige Brauweise, das Brauen bei höheren Temperaturen mit auf der Flüssigkeit schwimmender Hefe, gemein ist. Außerhalb der britischen Inseln am bekanntesten ist das Stout. Dieses Starkbier ist dunkel, kräftig, der Geschmack changiert zwischen bitter und süßlich, man erkennt es außer an seiner Farbe am cremigen Schaum. Bekanntestes Beispiel ist das irische Guiness. Am beliebtesten ist das Bitter. Es entstand aus den dem Altbier vergleichbaren Pale Ales, Bieren, deren Malz ursprünglich über Koks getrocknet wurde. Es hat weniger Alkohol als das Stout, ist heller, von bernstein- über kupferfarben bis golden und stark gehopft. Da es die größte Gruppe englischer Biere bildet, kann es weiter nach IPA, Best, Special, Extra Special und Premium Bitter unterschieden werden, Kategorien, die jedoch nicht einheitlich definiert sind.

Als Standardmaß gilt das Pint, das etwa einem halben Liter entspricht. Das Strong Ale oder Barley Wine („Gerstenwein") wird eher in kleineren Einheiten kredenzt, es ist mit bis zu 12 Prozent Alkoholgehalt das stärkste unter den englischen Biersorten.

The Archers

Wie viele erfolgreiche englische TV-Serien spielt „The Archers" auf dem Land, in dem fiktiven Ort Ambridge in Borsetshire, einer erfundenen Grafschaft zwischen Worcestershire und Warwickshire, in den Midlands, dem Herz und Hinterland der englischen Lebensart. Der Zuhörer, denn hier handelt es sich um die am längsten laufende Radio-Soap der Welt, ist dabei, wenn bei den Archers und ihren Nachbarn gelebt, geboren und gestorben wird, wenn Tierseuchen und Schweinefutter diskutiert werden, aber auch EU-Richtlinien, Lebenspartnerschaften und Drogen. Jeden Abend – außer samstags – um kurz nach sieben ist es Zeit, BBC, Radio 4, anzustellen, um nichts zu verpassen. Aber selbst im ungünstigsten Fall gibt es dank Wiederholung am nächsten Tag, wöchentlicher Zusammenfassung und Podcast im Internet genügend Chancen, auf dem Laufenden zu bleiben.

Bob Arnold und Courtney Hope alias Tom Forrest und Witwe Turvey bei der Aufnahme zu einer Folge der Archers, 1954.

Die Lindenstraße auf Landpartie war ursprünglich gedacht um die Moral der Bauern zu heben, die sich nach dem Zweiten Weltkrieg in einer Krise befanden. Bis zu 60 Prozent der erwachsenen Briten versammelten sich vor den Radios, als die Vielfalt in den Medien noch nicht ihre heutigen Dimensionen erreicht hatte. Sie litten mit Phil Archer, als er seine Frau Grace verlor, die bei dem Versuch, ein Pferd aus dem brennenden Stall zu retten, ums Leben kam. Ein umstrittener Moment in der Serie, denn an diesem Abend ging mit ITV der erste kommerzielle Fernsehsender Englands auf Sendung – ihm wollte man auf keinen Fall das Feld überlassen, wenn es um die Schlagzeile des nächsten Tages ging. Nur der über 80-jährige Norman Painting, als Phil Archer einer von etwa 60 Charakteren des Dauerbrenners, ist von Anfang an dabei. Die Serie wird ihn vermutlich überleben.

Das altmodische Hörspiel mit Geräuschen und langen Pausen zwischen den Szenen wird seit 1951 regelmäßig gesendet, bisher in über 15 000 Folgen.

BBC

Ascot

Macht nackte Haut die Pferde scheu? Die Veranstalter des königlichen Pferderennens von Ascot jedenfalls mussten sich auch dieser Frage stellen, als Pressevertreter die Hintergründe zum neuen Dresscode dieser exklusiven Veranstaltung zu ergründen suchten. Schulterfreie Tops, Miniröcke und bauchfreie Oberteile sind seit 2008 auf der royalen Rennstrecke, auf der es Frauen schon immer vorgeschrieben wurde, Kleider und Hut zu tragen, tabu. „Honi soit qui mal y pense" (ein Schelm, wer Schlechtes dabei denkt) ließe sich mit dem Motto des Hosenbandordens hinzufügen, denn Spötter meinen, die Herren der Schöpfung seien zuletzt vom eigentlichen Renngeschehen zu sehr abgelenkt gewesen, ja selbst die Jockeys hätten sich nicht mehr konzentrieren können.

Es gab gar die Restriktion, geschiedenen Personen den Zugang zum Royal Enclosure zu verbieten.

Gleichberechtigung: In Ascot existiert auch ein Dresscode für Männer. Er erfordert Cutaway und Zylinder.

Vor fast 300 Jahren galoppierten hier, nur 10 km von Schloss Windsor entfernt, erstmals edle Rosse um die Wette. Das Royal Meeting, eine heute viertägige Rennveranstaltung, existiert seit 1768 – bis zum Ende des Zweiten Weltkriegs war dies die einzige Gelegenheit, das dem Königshaus gehörende Gelände zu betreten. Inzwischen finden Zocker selbst im Winter einen Grund nach Ascot zu reisen, denn zu dieser Jahreszeit werden hier Hindernisrennen ausgetragen.

Die bedeutendsten Ereignisse im Pferdesport konzentrieren sich jedoch auf die Royal-Ascot-Rennwoche im Juni, die unter dem Patronat der Königin steht. Edle Vollblüter und wohlbehütete Damen der Gesellschaft zeigen dann, was in bzw. auf ihnen steckt. Am Ladies' Day laufen sie um die Wette, auf der dreieckigen Rennstrecke sowie im Royal Enclosure, einem abgetrennten Zuschauerbereich, auf den bis vor kurzem geschiedene Personen keinen Zutritt hatten – eine Restriktion, die angesichts der Scheidungen im britischen Königshaus nicht mehr aufrecht zu erhalten war.

Aston Martin

Eines der vier DB5-Modelle, die in „Goldfinger“ im Einsatz waren, wurde 2006 für 2,1 Mio. Dollar versteigert.

Der Aston Martin war kein Renner, obwohl die engl sche Automarke den Anspruch erhob, Rennwagen für die Straße zu bauen. Als passendes Gefährt für Sean Connery alias James Bond, wurde die Marke zur Legende. Obwohl in der Normalversion nicht mit Maschinengewehren, Schleudersitz oder ausfahrbaren Klingen in den Radmuttern ausgestattet, wurde der DB5, so das im Film „Goldfinger“ benutzte Modell mit der geduckten, silberfarbenen Karosserie und der rundlichen Linienführung, zum Verkaufsschlager – die Käufer hofften, dass sich das Image von 007 auf sie überträgt.

Lionel Martin genügte es nicht, mit Fahrzeugen zu handeln, die Produktion von Rennwagen war sein Ziel. Mit einem Partner gründete er 1914 ein Unternehmen, dessen Namen er aus seinem eigenem und dem eines Rennens kombinierte, an dem er teilgenommen hatte, dem Bergrennen von Aston Hill. Wie dort ging es auch mit Aston Martin von nun an Auf und Ab. Erfolgreiche Teilnahmen an Autorennen, ein Konkurs und mehrere Eigentümerwechsel kennzeichnen die Unternehmensgeschichte bis zum Krieg. Man fertigte in Handarbeit, im Schnitt alle zwei Wochen verließ ein Aston die Manufaktur. Zu wenig, um wirtschaftlich zu arbeiten, zu viel, um einfach aufzuhören. Ein weißer Ritter klopfte 1947 an die Tür, David Brown, bisher mit Traktoren erfolgreich, übernahm das Werk und führte es mit Modellen, die im Namen stets seine Initialen trugen, zu neuem Ansehen. Für Autoliebhaber der glanzvollste, wenn auch verlustreichste Abschnitt der Firmengeschichte, der mit dem Verkauf für läppische 100 Pfund 1973 endete.

Die große Stunde für den Klassiker schlug erst, als Ian Fleming seine berühmte Romanfigur mit einem dieser Flitzer ausstattete.

Der Nobelmarke, die heute, nach wirtschaftlich unruhigen Zeiten, einer britischen Investorengruppe gehört, hielt James Bond nicht immer die Treue: Erst in den letzten seiner Abenteuer war er wieder hinter dem Steuer eines Aston Martin zu sehen.

JB007

The Beatles

Sie waren eine Band der Superlative, verkauften mehr als 1,3 Mrd. Platten, hatten die meisten Nr. 1-Singles, die meisten Nr. 1-Alben und drehten die ersten Musikvideos, in denen die Musiker nicht nur stumpf ihre Songs spielten. Die erste Boygroup der Musikgeschichte bestand aus vier Underdogs, Jungs aus den ärmeren Vierteln der nordenglischen Industriestadt Liverpool. Sie finden früh zueinander. Gitarrist John Lennon (*1940) und Bassist Paul McCartney (*1942) lernen sich noch als Teenager 1957 kennen, der Gitarrist George Harrison (*1943) und der Schlagzeuger Ringo Starr (*1940) kommen 1958 bzw. 1962 hinzu. Schon 1963 gelingt ihnen mit „Please, Please Me" der Sprung auf den zweiten Platz der britischen Charts. Zwei Jahre zuvor hatte sie ihr Manager Brian Epstein im Liverpooler Cavern Club gehört und war begeistert von den Silver Beatles, wie sie sich damals noch nannten. Sie waren rotzig, laut und unverbraucht – und machten gute Musik. Epstein hatte ihre Platte „My Bonnie" gehört, die sie 1961 nach ihrem ersten Auslandsengagement als Begleitband für Tony Sheridan in Hamburg aufgenommen hatten. Damals war der fünfte Beatle, Stuart Sutcliffe, schon nicht mehr dabei. Hamburg spielte auch noch in anderer Hinsicht eine bedeutende Rolle in der Karriere der Beatles. Unter den Künstlern, die sie dort kennen lernen, ist auch der Fotograf Jürgen Vollmer, der sich bereits seit Jahren die Haare immer nach vorn kämmte. Lennon und McCartney gefällt es, sie lassen sich von Vollmer entsprechend frisieren und kreieren damit ihr Markenzeichen, die Pilzkopf-Frisur.

Für ihre Verdienste um die Exportindustrie verlieh ihnen die Queen einen Orden.

Der Umschlag des achten Beatles-Albums „Sgt. Pepper's Lonely Hearts Club Band" gilt als Ikone der Cover-Kunst.

Zusammen mit den kragenlosen Anzügen, die ihnen ihr Manager verpasst, ist ihr neues Image perfekt. So treten sie Anfang 1963 erstmals im britischen Fernsehen auf und bringen eine Krankheit zum Ausbruch, an der sich bis zu ihrer Trennung Millionen anstecken sollen, die Beatlemania. Ein Jahr später schon überrollen

S^T PEPPERS
LONELY HEARTS
CLUB BAND
BEATLES

sie die USA, wo sie – ein Rekord für die Ewigkeit – die ersten fünf Plätze der Billboard-Top-100-Charts belegen.
Warum waren sie so erfolgreich? Manche meinen, sie füllten eine Lücke, die durch die Ermordung John F. Kennedys gerissen wurde. Andere schreiben es ihrem genialen Manager zu, der sie umfassend vermarket, mit einem Fanclub, Auftritten in Fernsehshows und sogar eigenen Filmen. Schon 1964 erscheint in 15 000 Kinos weltweit, gleichzeitig mit dem gleichnamigen Album, die Musikkomödie „A Hard Day's Night", die die Hetzjagd zwischen den Auftritten zeigt, 1965 „Help" und 1968 der Zeichentrickfilm „Yellow Submarine". Die Tourneen, die die vier Liverpooler bis nach Australien führen, zehren an ihren Kräften, sie werden von kreischenden Fans empfangen, ihre Hotels belagert, sie selbst verfolgt, bei den Konzerten fallen die Mädchen reihenweise in Ohnmacht. Sie entscheiden sich nach einem Auftritt in San Francisco, künftig auf Konzerte zu verzichten. Seit Mitte der 1960er Jahre experimentieren sie mit Drogen wie LSD und Marihuana, reisen nach Indien, wo sie mehrere Wochen meditieren und die traditionelle Musik kennenlernen, die ihre Spuren in einigen ihrer Lieder hinterlässt. Das Unternehmen Beatles erreichte eine neue Dimension als sie, nach dem Auslaufen ihres Vertrages mit EMI, 1965 ihre eigene Plattenfirma, Apple-Records, gründen. Paul McCartneys Versuch, seinen Schwiegervater als deren Leiter durchzusetzen, fügt der Freundschaft der vier weitere Risse zu. Bis zu seinem Tod 1968 hatte Brian Epstein noch dafür gesorgt, aus Rissen keine Klüfte werden zu lassen, hatte vermittelt, geglättet. Doch zwölf gemeinsame Jahre, in denen sie häufiger zusammen waren als mit ihren Partnerinnen, fordern ihren Tribut: Paul McCartney und John Lennon, die musikalischen Köpfe der Band, schreiben nur noch selten gemeinsam an einem Song. 1968 gelingt ihnen mit dem über siebenminütigen „Hey Jude" der längste Nr. 1-Hit der Ge-

schichte, auch die LP „Abbey Road" wird ein Erfolg. Sie erscheint 1969, dem Jahr, als sich John Lennon mit der Plastic Ono Band ein eigenes Projekt, unabhängig von den anderen Bandmitgliedern, schafft. An ihm beteiligt ist die japanisch-amerikanische Künstlerin Yoko Ono, seine Frau und nach der Meinung vieler Beatles-Fans eigentlicher Grund für die Trennung der „Fab Four", die Paul McCartney am 10. April 1970 bekannt gibt.

Die Beatles 1963: (v.l.) Paul McCartney, John Lennon, Ringo Starr, George Harrison.

Sie gehen auseinander und bleiben der Musik dennoch treu. Ringo Starr versucht sich als Filmschauspieler, McCartney gründet eine neue Gruppe, die „Wings". Gerüchte um eine Wiedervereinigung verstummen erst, als John Lennon 1980 in New York erschossen wird. 1995 gehen die überlebenden drei noch einmal ins Studio, um zwei unveröffentlichte Songs ihres ermordeten Freundes einzuspielen. 2001 stirbt George Harrison. John Lennon meinte einmal, die Beatles seien populärer als Jesus und handelte sich damit viel Kritik ein. Auch wenn sie „nur" so bedeutend waren wie Beethoven, reicht das aus, sie unsterblich zu machen.

Big Ben

Wie die Glocke zu ihrem Namen kam, ist nicht zweifelsfrei geklärt, vermutlich stand Benjamin Hall Pate, sein Spitzname lautete: Big Ben.

Im Oktober 1834 zerstörte ein Feuer fast den ganzen Palast von Westminster, den seit dem 16. Jh. als Parlamentsgebäude genutzten, ehemaligen Sitz der englischen Könige. Von den alten Gebäuden entgingen nur die Westminster Hall aus dem 11. Jh., die Krypta der St.-Stepher's-Kapelle, Teile des Klosters und des Juwelenturms den Flammen. Was heute zu sehen ist, ist der „Neue Palast". Erbaut 1840 bis 1888 im Stil der Neugotik sind in ihn die Reste des Vorgängerbaus integriert.

Blick über die Themse auf den Palast von Westminster. Rechts sein Uhrturm mit der Glocke „Big Ben". Dahinter die beiden Türme von Westminster Abbey.

Der bekannteste Teil des ausgedehnten Gebäudes ist der Uhrturm, St.-Stephen's-Tower oder auch The-Clock-Tower, an seiner Nordseite. Ein Blick auf die an seiner Spitze angebrachte Uhr oder ein Schlag von seiner Glocke signalisiert unmissverständlich: Man befindet sich in London. 1844 vom Parlament beschlossen, wurde der Turm vierzehn Jahre später vom Staatsbaumeister, Benjamin Hall, vollendet. Der königliche Astronom, George Airy, formulierte die Anforderungen an die Uhr, darunter die Vorgabe, dass der erste stündliche Schlag ihrer Glocke die Zeit auf eine Sekunde genau angeben sollte. Ein ambitioniertes Unterfangen, das von Erfolg gekrönt war. Noch vor dem Turm war die Uhr fertig. Auch die Glocke konnte noch vor dem Abschluss der Bauarbeiten getestet werden – und zersprang. Eine zweite, 13 Tonnen schwere Glocke konnte schließlich 1859, gemeinsam mit vier kleinen Glocken für die Viertelstunden und das berühmte Glockenspiel, ihren Dienst aufnehmen.

Das mit 8 Meter Durchmesser größte Zifferblatt des Landes gibt es gleich viermal, an allen Seiten des 96 Meter hohen Turms ermöglicht es das Ablesen der genauen Uhrzeit. Vier Mechaniker kümmern sich um einen reibungslosen Betrieb der Uhr, nur fünfmal in 150 Jahren blieb sie stehen. Ihr Glockenton wird stündlich live im Radio übertragen.

Bingo

Was dem Deutschen sein Lotto, ist dem Engländer sein Bingo. Gerade unter Rentnern und Arbeitslosen ist das Glücksspiel, bei dem Nummern ausgelost werden, sehr beliebt, hilft es doch, die Zeit zu vertreiben. Außerdem ist die Aussicht auf einen Gewinn von üblicherweise bis zu 1000 Pfund verlockend.

Ein wenig Geld muss man schon mitbringen, denn die Gewinne finanzieren sich zu 100 Prozent aus dem Einsatz, der Veranstalter verdient am Verzehr und den Eintrittsgeldern. Bei gewerbsmäßigen Bingoveranstaltungen erwirbt man beim Betreten des Clubs Karten, die jeweils mit einer Reihe von Zahlen bedruckt sind. Mehrmals am Tag werden dann die Gewinnnummern ausgelost. Der Ruf „Bingo" ertönt aus dem Mund des Mitspielers, dessen Zahlenreihe auf einer Karte zuerst mit den gezogenen Zahlen übereinstimmt. Dann kommt Bewegung in die Veranstaltung, die sonst eher in dem Ruf steht, gepflegte Langeweile zu verbreiten.

Die Wurzeln des Spiels liegen in Spanien. Zum Bingo wurde es 1929, als ein Amerikaner beim Karneval in Atlanta eine Gruppe spanisch sprechender Spieler beobachtete, die die gezogenen Zahlen mit Bohnen abdeckten und bei Gewinn „Beano" riefen. Er witterte ein Geschäft und veranstaltete Beano-Runden in New York. Dass daraus Bingo wurde, ist einer Gewinnerin zu verdanken, die sich im Gückstaumel verplapperte – so will es jedenfalls die Legende.

Anders als Lotto und andere Glücksspiele ist Bingo ein Spiel, das der Vereinsamung entgegenwirkt. Conferenciers unterhalten das Publikum während der Ziehung, es kommt zu einem Schwätzchen mit dem Nachbarn, der Nervenkitzel hält sich in Grenzen. Das und die Einfachheit der Regeln sind die Gründe, warum Bingo sich gerade auch bei alten Menschen großer Beliebtheit erfreut.

Gespielt wird in Bingo-Clubs oder auch im Gemeindezentrum.

Dass Bingo-Gewinne auch die Millionengrenze überspringen können bewies die Reinigungskraft Soraya Lowell, die 2008 mit diesem Bingoschein mehr als 1,2 Mio. Pfund kassierte.

Black Cab

Ihr Innenraum ist besonders hoch, um Männern mit Hut genügend Raum zu bieten.

Laut einer Statistik der Fahrergewerkschaft beträgt die durchschnittliche Wartezeit auf ein Taxi in Londons Innenstadt zwei Minuten.

Wenn es darauf ankommt, so schnell wie möglich durch den Dauerstau ein Ziel zu erreichen, nehmen die Londoner ein Taxi. Etwa 21 000 davon gibt es in London. Die meisten sind traditionelle Black Cabs, schwarze, viertürige Spezialfahrzeuge, exklusiv produziert von LTI, London Taxi International Limited, in Coventry. Sie bieten hinter dem Fahrer Platz für fünf, manchmal sogar für sechs Personen. Das Einsteigen wird durch den Umstand erleichtert, dass zwei der Plätze, die mit dem Rücken zum Fahrer, aus Klappsitzen bestehen. Gepäck wird üblicherweise im Fahrgastraum oder auch neben dem Fahrer untergebracht – Black Cabs verfügen über keinen Beifahrersitz. Klassenlos, bequem und zuverlässig, so waren Taxis nicht immer in London. Ihre Geschichte beginnt im 17. Jh. Schon 1636 wurde die Zahl der Mietkutschen auf 50 begrenzt. Im frühen 19. Jh. wurden die schwerfälligen, von zwei Pferden gezogenen Wagen von zweirädrigen, wendigen Cabriolets abgelöst, die unter dem Kurznamen „Cab" sehr populär wurden. Mit dem Ersten Weltkrieg verschwanden die Pferdewagen, Automobile traten an ihre Stelle, die seit 1907 über Taxameter verfügten, der letzte Pferdeantrieb ging jedoch erst 1947 außer Dienst. Bereits ein Jahr später wurde der Austin FX3 und 1959 der FX4, das Vorgängermodell der heutigen Black Cabs, ausgeliefert, das in Varianten über 39 Jahre hergestellt wurde.

Ähnlich der Tower Bridge oder Big Ben stehen die Black Cabs, deren Schwarz einst aus Kostengründen zur Farbe der Wahl wurde, für London und England. Umfragen haben gezeigt, dass Londoner Taxis als die günstigsten, saubersten und sichersten der Welt gelten. Ihre Fahrer müssen neben 25 000 Straßen auch Bahnhöfe, U-Bahnstationen, Krankenhäuser, Kirchen, Theater, Schulen, Gerichte und Behörden kennen und sich einer umfangreichen Prüfung „The Knowledge" („Das Wissen") unterziehen, um eine Lizenz zu erhalten.

cabcharge
COMPUTER CAB

Bobbies

Bis ns späte 18. Jahrhundert gab es in England keine hauptamtlichen Polizisten. Gerade nach Anbruch der Dunkelheit war es darum nicht ratsam, unbewaffnet auf den Straßen unterwegs zu sein. Die wenigen Wachleute und Nachtwächter, die Recht und Ordnung aufrecht erhalten sollten, waren schlecht ausgebildet und wurden noch schlechter bezahlt. Einzelne Versuche von Privatleuten, ihren Besitz zu schützen und der Einsatz von Militär konnten nicht verhehlen, dass eine generelle Lösung gefunden werden musste, dem Problem der wachsenden Kriminalität auf den Straßen Herr zu werden. Dabei galt es liberale Vorbehalte zu berücksichtigen, die in einer zentralen Polizeigewalt den Beginn der Tyrannei sahen. Mehr als ein Jahrzehnt beschäftigten sich verschiedene Parlamentsausschüsse mit der Suche nach einem akzeptablen System, bis Robert Peel, Innenminister unter dem Herzog von Wellington, 1829 in London die Metropolitain Police einführte.

Die nach dem Vornamen Peels „Bobbies" genannten Schutzpolizisten sollten, so schrieb er, Angehörige des Volkes sein, die dafür bezahlt werden, hauptberuflich Pflichten nachzugehen, die jedem Bürger obliegen. Ihre Uniform unterstrich den zivilen Charakter: Blauer Schwalbenschwanz mit Messingknöpfen, dunkle Hosen und Zylinder, der die Männer optisch vergrößerte, ihnen Respekt verschaffte und sie aus einer Menge heraushob. Als Waffe trugen sie nur einen Holzknüppel, mit einer Ratter, später einer Pfeife konnten sie Hilfe holen.

Noch immer tragen Bobbies keine Feuerwaffen. Der Schwalbenschwanz ist einer zeitgemäßen Uniform mit Hemd und Krawatte gewichen. Der Name „Bobby" ist geblieben, wenn auch der Beruf inzwischen keine reine Männerdomäne mehr ist.

Der unpraktische Zylinder wurde bereits in den 1860er Jahren durch einen Helm mit Kinngurt ersetzt.

Englische Bobbies gelten als freundlich und hilfsbereit.

Die Brontës

Was wäre gewesen, hätte es die Holzsoldaten nicht gegeben, Lieblingsspielzeug von Branwell Brontë, einzigem Jungen unter sechs Geschwistern in Haworth, einem Städtchen in Yorkshire, in dem seine Familie das Pfarrhaus bewohnt. Nach dem Tod der Mutter und zweier Mädchen, sind sie nur noch zu fünft: Vater Patrick, der Pfarrer des Ortes, Branwell und die drei Schwestern Charlotte (*1816), Emily (*1818) und Anne (*1820). Häufig sich selbst überlassen flüchten sie sich in Traumwelten. Dabei spielen die Holzsoldaten eine wichtige Rolle. Sie werden zu Helden, die in Angria und Gondal, zwei Königreichen, in die sich die Kinder paarweise hineinträumen, Abenteuer erleben. Alle vier erhalten eine gute Ausbildung, Charlotte und Emily sogar im Ausland, in Brüssel. Der Zufall will es, dass alle 1845 wieder in Haworth versammelt sind. Charlotte, Emily und Anne entschließen sich zu handeln und wenden sich, unter männlichen Pseudonymen, an einen Verlag, um dort eine Sammlung ihrer Gedichte anzubieten. Der Plan gelingt, das Buch der Brüder Bell, wie sie sich nennen, erschient – und wird ganze zweimal verkauft. Sie verlieren nicht den Mut und klappern bald darauf mit Manuskripten erneut die Verlage ab. Schon 1847 erscheint Charlottes „Jane Eyre", die Geschichte einer unkonventionellen Frau, unabhängig und leidenschaftlich. Es wird ein riesiger Erfolg. Emily hat mit „Sturmhöhen", einem Roman über eine Liebe, die zum Wahnsinn führt, weniger Glück. Zudem erkrankt sie schwer und stirbt 1848. Zu diesem Zeitpunkt ist auch Branwell, zuletzt Alkoholiker, bereits tot. Als dann innerhalb eines Jahres auch noch die jüngste, Anne, das Zeitliche segnet, fühlt sich die inzwischen berühmte Charlotte verlassen. Sie heiratet 1854, wird schwanger und erkältet sich. Mit kaum 39 Jahren stirbt auch sie.

Der Wunsch zu schreiben bleibt auch als sie als Lehrerinnen und Gouvernanten, typischen Berufen für mittellose, gebildete Frauen in dieser Zeit, arbeiten.

Anne, Emily und Charlotte Brontë (von links), gemalt 1834 von ihrem Bruder Branwell. Sein Selbstporträt zwischen seinen Schwestern hat er später selbst verwischt.

Buckingham Palace

Auch bei Königs scheint man getrennte Schlafzimmer zu haben. Das jedenfalls ist die Schlussfolgerung eines Vorfalls, der sich 1982 im Buckingham Palast, dem Wohnsitz von Queen Elizabeth II., abspielte. Die Königin muss nicht schlecht gestaunt haben, als sie eines Julimorgens im königlichen Schlafgemach erwachte und neben sich auf der Bettkante einen Mann sitzend vorfand, der weder zu ihrer Familie noch zur Leibwache gehörte. Gerade letztere machte bei der Sache keine gute Figur, denn Michael Fagan, so sein Name, war bereits zum zweiten Mal unbemerkt in den Palast geschlichen, dieses Mal, um Selbstmord zu begehen – zum Glück überlegte er es sich anders.

Elizabeth war *not amused.*

Der im Londoner Stadtteil Westminster ursprünglich 1703 für den Herzog von Buckingham erbaute und im 19. Jh. völlig erneuerte Palast musste eigentlich gut zu schützen sein, stand er doch völlig frei, vor ihm ein riesiger Platz mit einem Denkmal zu Ehren Queen Victorias, hinter ihm die Palastgärten. Trotzdem gelang es 1994 einem jungen Amerikaner erneut, das Heim der Königin zu entern. Bemalt mit grüner Farbe, landete er nachts mit einem motorisierten Paraglider auf dem Dach. Er war kein Terrorist und ließ sich widerstandslos festnehmen.

Der Park hinter dem Schloss eignet sich gut für die jährlichen Gartenpartys, zu denen immer mehrere tausend Gäste geladen sind.

Einer ähnlich großen Sensation war es im Jahr zuvor gleichgekommen, als Elizabeth einen Teil ihrer 661-Zimmer-Wohnung zur Besichtigung frei gab. Gegen die Zahlung eines nicht geringen Obolusses ist es seitdem möglich, die prunkvollen Staatsgemächer und die Galerie der Königin zu besichtigen. Ursprünglich waren die Eintrittsgelder dazu gedacht, den Wiederaufbau von Schloss Windsor, das 1993 zum Teil ein Raub der Flammen wurde, zu finanzieren. Wegen des positiven Effekts auf Börse und Ansehen der Monarchin behielt man diese Einrichtung bei. Der Königin kann man jedoch weder beim Regieren, noch beim Schlafen zusehen.

Canterbury

Bei den Pilgern war es üblich, ihre Pferde in einen leichten Galopp zu versetzen, wenn die Spitzen der Kathedrale von Canterbury in Sicht kamen, den „Kanter" – ein Kantersieg besticht denn auch durch seine Mühelosigkeit.

Eine bunt zusammengewürfelte Schar von 30 Pilgern, darunter der trinkfrohe Büttel und ein gelehrter Arzt, ein Bettelmönch und eine fromme Nonne, ein Student aus Oxford und eine fünffache Witwe, sie alle befinden sich auf der Reise zum Grab des heiligen Thomas Becket, von London nach Canterbury, dem wichtigsten Wallfahrtsort des mittelalterlichen Englands. Um sich die Zeit zu verkürzen, erzählen sie sich Geschichten, die „Canterbury Tales", Höhepunkt der englischen Literatur des Mittelalters, erdacht und niedergeschrieben von Geoffrey Chaucer, der selbst einer der Pilger ist. Es würde heute wohl nicht mehr gelingen, ein ganzes Buch während der Fahrt in die im südöstlichen Zipfel Englands liegende Kleinstadt zu füllen, deren Name „Burg der Leute von Kent" bedeutet. Auch das Grab von Thomas Becket, des im Auftrag König Heinrichs II. im 12. Jh. ermordeten und bereits drei Jahre später heilig gesprochenen Erzbischofs, suchte man vergebens: Sein Schrein wurde während der Trennung der englischen Kirche von Rom unter Heinrich VIII. zerstört. Geblieben ist eine Gedenkplatte in der Kathedrale, dem schönsten sakralen Bauwerk des Landes nach Westminster Abbey, an der Stelle, an der er von vier Rittern des Königs hinterrücks erstochen wurde. Sie befindet sich nahe des Chors des aus dem 12.–15. Jh. stammenden Baus, der mit 175 m Länge zu den größten Kirchen der Welt zählt. Der Erzbischof von Canterbury, Hausherr der Kathedrale, des spirituellen Mittelpunkts des Landes, ist geistliches Oberhaupt der Kirche von England und Ehrenoberhaupt der anglikanischen Kirche. Er krönt den englischen Monarchen, hat einen Sitz im Oberhaus und Vorrang vor allen anderen seiner Landsleute mit Ausnahme des Königs bzw. der Königin.

Der jetzige Amtsinhaber ist – in ununterbrochener Reihenfolge – bereits der 103. Nachfolger des heiligen Augustinus von Canterbury.

Cheddar

Mindestens 48 Prozent Fett in der Triebmasse; englischer Hartkäse aus vollfetter pasteurisierter Kuhmilch in 30 kg schweren Zylindern oder Blöcken hergestellt; ohne Rinde oder mit Schutzrinde aus Wachs und Öl. Das Innere ist fest, spröde bis wachsartig, mit kleinen Schlitzen, die durch Lagerung (Stapeln der Laibe) entstanden. Naturfarbe ist weiß, doch wird er traditionell rötlich bis gelborange eingefärbt. Geschmacklich schmelzend, kräftig, nussähnlich. So oder so ähnlich findet sich die Definition des beliebtesten englischen Käses in jedem Lexikon. Fast die Hälfte des gesamten Käseverzehrs der Briten entfällt auf diese Sorte. Sie wurde erstmals in der Kleinstadt Cheddar in der südwestenglischen Grafschaft Somerset hergestellt. Dort selbst ist nur noch eine Käserei in Betrieb, die ihn nach dem traditionellen Rezept herstellt. Schon im 12. Jh. taucht er in einem Rechnungsbuch des königlichen Haushalts auf, doch ist nicht mehr zu klären, ob es sich dabei um eine Herkunftsbezeichnung handelte. Auf jeden Fall eignete sich der Ort, in dessen Nähe sich die größte Schlucht des Landes befindet, gut für die Herstellung von Käse. Saftige Wiesen mit glücklichen Kühen lieferten das Rohmaterial, nahe liegende Höhlen, in denen eine konstante Temperatur und Luftfeuchtigkeit herrscht, sorgten für einen idealen Reifungsprozess.

In der Cheddar Cheese Company in Cheddar wird noch persönlich Hand an den Käse gelegt.

„Der Cheddar ist ohne jedwede Diskussion der beste Käse, den England, ja sogar die ganze Welt zu bieten hat.“ (Daniel Defoe, Schöpfer des Robinson Crusoe)

Die Herstellung war bis zum 19. Jh. noch nicht standardisiert und natürlich wurde, da noch nicht erfunden, auch keine pasteurisierte Milch verwendet, was dem Käse einen viel stärkeren Geschmack gab, er schmeckte weniger „sauber“. Im 18. Jh. war der Cheddar noch ein exklusives Lebensmittel, das sich nur wenige leisten konnten. Heute ist er ein billiges, vakuumverpacktes Massenprodukt, das auf der ganzen Welt hergestellt wird.

Christmas Pudding

Der Christmas oder auch Plum Pudding ist ein Highlight der für ihre außergewöhnlichen Gerichte bekannten, aber im Rest der Welt wenig beliebten englischen Küche.

Es ist Tradition, den Christmas Pudding am 1. Weihnachtstag zu verspeisen. Das Rezept ist regional verschieden und wird oft innerhalb der Familie vererbt. Immer handelt es sich jedoch um einen gekochten Teig mit Trockenobst, der meist mit Alkohol getränkt wird. Um 8 Personen satt zu bekommen, muss man:

150 g altes Weißbrot fein reiben
150 g pflanzliches Fett (eigentlich fein geschnittenes Rindernierenfett)
100 g Rosinen
100 g Korinthen
50 g gemahlene Haselnüsse
50 g Zitronat
50 g kandierte Kirschen
100 g saurer Apfel
abgeriebene Schale von 2 Orangen
abgeriebene Schale von einer Zitrone
75 g Mehl
100 g Zucker
Zimt, Piement, Ingwerpulver, Nelkenpulver, Muskatnuss
1/2 TL Salz
gut vermischen
3 Eier darüberschlagen
Saft einer Orange und
Saft einer halben Zitrone darübergießen
alles gut durchkneten
1/8 l Sherry
1/8 l Cognac
unterkneten, den Teig 48 Stunden ruhen lassen, dann in eine Puddingform füllen, mit Pergamentpapier abdecken und in ein Tuch gehüllt sechs Stunden in einen Topf mit kochendem Wasser hängen. Danach drei Wochen im kühlen Keller lagern, dann noch einmal zwei Stunden kochen, mit Kandis bestecken, Cognac darübergießen, anzünden – schon ist er fertig!

Der meist dunkle Christmas Pudding wird oft mit Brandy Butter oder Custard, einer durch Kochen verdickten Mischung aus Eiern und Milch, gegessen.

Winston Churchill

„Ich habe nichts zu bieten, als Blut, Mühsal, Tränen und Schweiß.“

Mit diesen pathetischen Worten in seiner ersten Rede als Premierminister im britischen Unterhaus versuchte Winston Churchill 1940 seine Landsleute auf die Entbehrungen des Zweiten Weltkriegs einzustimmen, die ihnen zu dieser Zeit noch bevorstanden. Er war ein charismatischer Redner, eitel und aufbrausend, willensstark und tatkräftig, kurz „der größte Engländer unserer Zeit“, so Clement Attlee, 1945 sein Nachfolger im Amt. Sir Winston Spencer Churchill (1874–1965) wurde auf Schloss Blenheim, dem prächtigen Sitz der Herzöge von Marlborough, geboren, von denen er zwar abstammte, deren Titel und Vermögen er jedoch nicht erbte. Nach dem Besuch von Eliteschulen war er Soldat und Kriegsberichterstatter im südafrikanischen Burenkrieg und wurde dort zum Nationalheld, als ihm eine spektakuläre Flucht aus Kriegsgefangenschaft gelang. 1900 zog er als Konservativer ins Unterhaus ein, aus Protest wechselte er später zu den Liberalen und danach wieder zurück. Seit 1905 bekleidete er zahlreiche Ministerposten. In den 1930er Jahren verlor er an Einfluss, die Zeit bezeichnete er selbst als „inneres Exil“. Er zog sich auf seinen Landsitz zurück und widmete sich der Malerei und dem Schreiben. Als Kritiker der Appeasement-Politik gegenüber Hitler und mit seinen Erfahrungen aus zwei Kriegen war er 1940, als der deutsche Diktator Europa zu überrollen drohte, der Mann der Wahl, um die Nation zu mobilisieren und als Premier- und Verteidigungsminister in den Krieg zu führen. Sein Widerstand gegen das mörderische Regime wurde durch einen großen Sieg belohnt. Dennoch erlitt er 1945 eine Wahlniederlage und musste abdanken. Von 1951–1955 gelang es ihm noch einmal, nach Downing Street No. 10 zurückzukehren. Danach lebte der Ritter des Hosenbandordens, erster Ehrenbürger der USA und Literaturnobelpreisträger (1953) noch zehn Jahre. Seinen Sitz im Unterhaus gab er erst 1964 auf.

Winston Churchill grüßt mit dem durch ihn populär gewordenen Zeichen „V“ für „victory“ (= Sieg).

Conkers

„Conquerer“, das ist das englische Wort für Eroberer. Und ums Erobern geht es auch bei Conkers, dem Kinderspiel mit Rosskastanien, die mit ihrer stacheligen Hülle an eine furchtbare Waffe des Mittelalters erinnern, den Morgenstern, eine mit einer Kette an einem Stock befestigte, stachelbewehrte Eisenkugel. Anders als er werden die Kastanien aber nicht dazu genutzt, dem Gegner tödliche Blessuren beizubringen. Vielmehr geht es darum, das gegnerische Spielgerät mit dem eigenen zu zerschmettern. Dazu werden die Kastanien an einer etwa 25 cm langen Schnur befestigt, die durch ein zuvor gebohrtes Loch geführt und dann verknotet wird. Die Spielregeln sind einfach: Der Verteidiger hält seine Kastanie in eine Höhe, die der Angreifer bestimmen darf. Der hat dann drei Versuche, die gegnerische Kastanie zu erobern, indem er mit seiner eigenen „Waffe“ gegen sie schlägt. Dabei ist Genauigkeit Trumpf, denn allein durch pure Kraft läuft man Gefahr, die eigene Kastanie zu beschädigen. Verloren ist ein Spiel auch dann, wenn das Spielgerät einer der beiden Kontrahenten zu Boden fällt. Die letzte Aktion des Siegers ist das Zerstampfen der gegnerischen Kastanie.

Wer beim Angriff zusammenzuckt, hat schon verloren!

Bei Wettkämpfen wird genau darauf geachtet, dass die Spielgeräte nicht auf unfaire Weise präpariert wurden, um die Kastanien zu härten. Dazu gibt es verschiedene Methoden: Man kann sie backen, lackieren, in Essig kochen oder, wie der zweifache Weltmeister Charles Brady, an ein Schwein verfüttern und warten, bis sie wieder ausgeschieden wird. Auch ohne diese Sonderbehandlung halten manche Kastanien besser als andere, es gibt Einser, Zweier usw.

Kaum zu glauben, aber es gibt sogar Weltmeisterschaft in diesem „Sport“.

Das Spiel gibt es in seiner heutigen Form, seit die Kastanie im 16. Jh. in England eingeführt wurde. Sehr zur Freude der Schnecke, denn zuvor mussten deren Häuser für das Spiel herhalten.

Cornwall

Cornwall ist die am südwestlichsten gelegene Grafschaft Englands, der westlichste und der südlichste Punkt des Landes befinden sich hier. Wie ein sich vorwitzig vortastender Fuß ragt sie in die rauhen, kalten Fluten des Atlantik. Der Briten liebstes Urlaubsziel ist auf drei Seiten von Wasser umgeben, die Bindung an das restliche Land nur schwach, Cornwall fast eine Insel auf der Insel.

Zwischen Mai und September ist von Isolation nichts zu spüren, dann fluten Heerscharen von Touristen die Halbinsel.

Besucher kommen wegen des mediterranen Klimas, der romantischen Fischerstädtchen und vor allem wegen der endlosen Küste. Auf über 400 km umfasst sie felsige, seeumtoste Kliffs und weiße Sandstrände im Norden, aber auch malerische Buchten und baumbestandene Meeresarme im Süden. Eine Landschaft wie geschaffen für die Melodramen von Rosamunde Pilcher, die mit ihren an Herz-und-Schmerz-Verwirrungen reichen Romanen die Vorlage für zahlreiche Fernsehverfilmungen geliefert hat.

Wo Cornwall zu Ende ist: Land's End – westlichster Punkt Englands.

Traditionell lebten die Cornishmen vor allem von der Fischerei und dem Bergbau. Bis ins 19. Jh. deckte die Grafschaft mehr als die Hälfte des weltweiten Bedarfs an Zinn. Die Kunst der Eisenherstellung übernahmen sie von den Römern, denen es jedoch nicht gelang, diesen Landstrich unter ihre Kontrolle zu bringen. Bis ins Mittelalter blieb Cornwall ein Rückzugsgebiet der Kelten mit eigener Sprache und Identität. Ein eigenbrötlerischer und selbstbewusster Menschenschlag, aus dessen Reihen auch der sagenhafte König Artus stammen soll, dessen Schloss Camelot sich angeblich bei Tintagel, einem Dorf an der Westküste, befand.

Ein Gebiet fast von den Ausmaßen Hamburgs nennt der Herzog von Cornwall sein eigen, der einzige unter Englands Höchstadeligen, der noch über ein eigenes Herzogtum verfügt. Der nicht mit der Grafschaft identische Besitz wird jeweils an den ältesten Sohn des englischen Herrschers vererbt, der daraus ein standesgemäßes Leben finanziert.

Cricket

„It's not cricket" sagen die Engländer und meinen damit: „Das ist nicht fair".

Kein anderer Sport steht in England so für Fairness wie das Fang- und Schlagballspiel, dessen Regeln aus dem Jahr 1774 stammen. Seit 1877 finden im Sommer internationale Vergleichswettkämpfe, „Tests", in dieser Sportart statt. Es handelt sich um jeweils mindestens drei Länderspiele zwischen England und einer von neun Mannschaften aus ehemals zum Empire gehörenden Ländern wie Australien oder Indien. Bei sechs Stunden Spielzeit pro Tag können diese Turniere bis zu sechs Tage dauern.

Beim Cricket spielen zwei Mannschaften, Schlagpartei und Fang- oder Feldpartei, mit je 11 Spielern gegeneinander. Alle sind in Weiß gekleidet. Die zwei Schlagmänner der Schlagpartei stehen sich gegenüber und verteidigen jeweils ein Tor („wicket"), das hinter ihnen steht. Beide markieren die 20,11 m voneinander entfernten Enden des „pitch" genannten inneren Spielfelds und bestehen aus drei nebeneinander gesteckten, 70 cm hohen Stäben mit zwei Querhölzern. Die Fangpartei besteht aus einem Werfer, einem Fänger und neun Feldspielern. Der Werfer versucht aus etwa 20 m Entfernung, mit einem kleinen Lederball das Tor zu treffen, woran ihn der gegnerische Schlagmann zu hindern sucht, indem er den Ball mit dem Schlagholz möglichst weit in das mindestens 60 x 80 m messende, ovale Spielfeld schlägt. Die Mannschaftskameraden des Werfers müssen den Ball dort möglichst schnell abfangen, denn so lange dies nicht geschieht, punkten die beiden Schlagmänner, indem sie zwischen den beiden Toren hin und her rennen. Für jeden Wechsel gibt es einen Punkt, für einen Ball, der die Spielfeldgrenze passiert 4, sogar 6, wenn er ohne aufzukommen über die Grenze fliegt. Eine Runde, ein „inning" ist beendet, wenn alle Schlagmänner „ausgeschlagen" wurden. Nach der zweiten Runde endet das Spiel.

Auch in der ehemaligen britischen Kolonie Australien ist Cricket sehr beliebt: Voll konzentriert warten Schlagmann und Fänger auf den Wurf. Sir Donald Bradman war Australiens populärster Cricket-Spieler.

Darts

Das beliebte Wurfpfeilspiel, bei dem drei 15 cm lange Metallpfeile auf eine 40 bis 45 cm große, runde Zielscheibe geworfen werden, ist vermutlich in England erfunden worden. Es wird dort vor allem in Pubs gespielt, wo es in etwa die Funktion des Kartenspiels in deutschen Gaststätten übernommen hat. Geworfen wird aus 2,40 m Entfernung, das Ziel befindet sich etwa 1,70 m über dem Boden. Es ist in zwanzig Kreisausschnitte unterteilt, denen in ungeordneter Reihenfolge Wertungspunkte von eins bis zwanzig zugeordnet sind. Die Segmente sind nochmals in Sektoren unterteilt, werden sie getroffen, können sich die Punkte verdoppeln oder verdreifachen. Landet der Pfeil hingegen im centstückgroßen inneren Zentrum, dem Bull's Eye, erhält der Werfer 50, im es umgebenden Ring 25 Punkte. Die bei den abwechselnden Würfen der Spieler gesammelten Punkte werden von der Ausgangspunktzahl 501 oder 301 abgezogen. Sieger ist, wer zuerst genau die Null erreicht.

Der Name kommt aus dem Französischen und ist von kleinen, speerähnlichen Wurfgeschossen, den „dartes“ entliehen.

Das Werfen mit Pfeilen wurde äußerst populär, als es in Kneipen zugelassen wurde, weil ein Gericht entschied, dass es sich nicht um ein Glücks-, sondern ein Geschicklichkeitsspiel handelte. Grundlage dafür war der Fall eines Gastwirts, der in Leeds des illegalen Wettens auf ein Glücksspiel – Darts – angeklagt wurde. Der beste Dartspieler der Gegend bewies seine Treffsicherheit, indem er dreimal die 20, ein Gerichtsdiener als Gegenprobe überhaupt nur einmal die Scheibe traf. Das konnte kein Zufall sein, das Gericht entschied für den Gastwirt.

In England wird der Sport von etwa 5 Mio. Aktiven ausgeübt, jedes Jahr finden Weltmeisterschaften statt. Führender der Weltrangliste ist natürlich ein Engländer, Phil Taylor, genannt „The Power“, der als bester Dartspieler aller Zeiten gilt. Er lebt als Profi von seinem Sport, mit dem er pro Jahr in etwa eine Viertel Million Euro an Preisgeldern gewinnt.

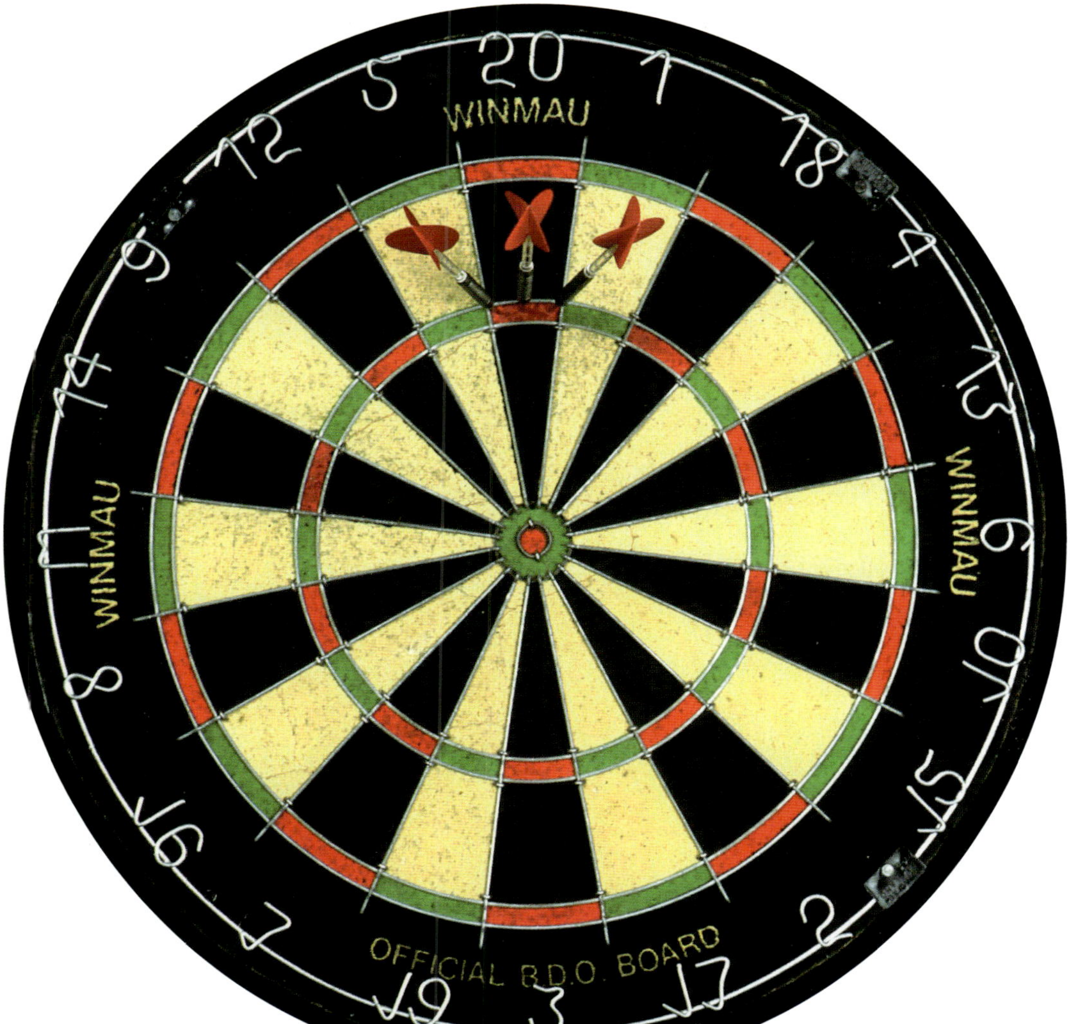

Günstige Varianten der Dartscheibe bestehen aus Kork oder Papier, üblich ist jedoch Sisal.

Charles Darwin

Eine englische Idylle in einem Ort in der Grafschaft Kent: Hier lebt die angesehene Familie von Dr. Charles Darwin. Als 1809 geborener Sohn eines bekannten Arztes machte er seinem Vater zuerst Sorgen, denn er war zwar intelligent, aber lustlos bei der Sache, auf der Schule und beim Medizinstudium. Er sattelte um auf Theologie und beschloss 1831 seine Studien in Cambridge. Dort widmete er sich bereits den Naturwissenschaften und meldet sich begeistert, als er hört, dass der Kapitän des Forschungsschiffs Beagle einen naturwissenschaftlich interessierten Gentleman sucht, der dessen mehrjährige Expeditionsreise auf die Südhalbkugel begleitet. Mit reicher Ausbeute kehrt er zurück und verbringt die nächsten Jahre damit, das Gesehene aufzuarbeiten und zu analysieren. Er zögert lange, doch 1859 erscheint sein epochemachendes Werk „Von der Entstehung der Arten". Darin formuliert er Grundgesetze der biologischen Entwicklung, der Evolution. Danach haben sich alle Lebewesen im Laufe von Millionen von Jahren aus einfachsten Urformen entwickelt, ganz anders als es die Dogmen der anglikanischen Kirche bisher lehrten. Dabei beruht die Erhaltung einer Art wie ihr Aussterben auf einem Vorgang, in dem die besser angepassten Organismen eher überleben können als andere. Der Mensch, und das war für die viktorianische Gesellschaft besonders schockierend, stellt nicht den Höhepunkt und Abschluss dieser Entwicklung dar, sondern bildet nur eine Stufe in diesem Prozess.

Darwin war klar, dass das, was er zu sagen hatte, einem Mordgeständnis gleichkam, denn es stellte nichts weniger als den biblischen Schöpfungsbericht in Frage.

Die darwinsche Lehre verbreitete sich rasch, fand bald viele Befürworter, stieß aber auch auf empörte Ablehnung ihrer Gegner, den „Kreationisten". Darwin publizierte noch mehrere Bücher, bevor er 1882 starb. Seiner Bedeutung bewusst, wurde ihm ein Staatsbegräbnis in Westminster Abbey gewährt.

Charles Darwin vier Jahre vor der Veröffentlichung seiner bahnbrechenden Theorien.

Prinzessin Diana

Was war an Prinzessin Diana so außergewöhnlich, dass Menschen auf der ganzen Welt sich daran erinnern, was sie taten, als sie vom Unfalltod dieses ehemaligen Mitglieds der englischen Königsfamilie erfuhren? Mit einem Anfall von Monarchismus lässt es sich kaum erklären.

Diana lebte eher das Leben eines Pop-Stars als das einer Adeligen, eines Filmstars, ohne je in einem Film aufgetreten zu sein.

Vom Aschenputtel (fast) bis zum gekrönten Schwan – Hollywood hätte dieses Leben nicht besser erfinden können. Diana war der Spross einer alten Adelsfamilie, der Spencers. Die 1961 geborene arbeitete als Kindergärtnerin, als ihre Romanze mit dem britischen Thronfolger, Prince Charles, begann. Wie in diesen Kreisen nicht unüblich, hatte man sich auf einer Jagdgesellschaft kennengelernt. Schon wenige Monate nach der Verlobung, am 29. Juli 1981, fand die Märchenhochzeit statt – der schrecklichste Tag in ihrem Leben, wie die Prinzessin von Wales mehr als zehn Jahre später verriet. Zu diesem Zeitpunkt war Dianas Ehe gescheitert, sie litt an Bulemie und Depressionen. „Wir waren zu dritt in dieser Ehe – es war also etwas überfüllt", verriet sie in einem Interview und spielte damit auf die Beziehung ihres Mannes zu Camilla Parker-Bowles an. Seit ihrer Trennung 1992 engagierte sie sich in zahlreichen Projekten, am bekanntesten wurde ihr Einsatz für ein Verbot von Landminen. Stets umlagert von Paparazzi war sie bis zuletzt eine öffentliche Figur. Die am meisten fotografierte Persönlichkeit der Welt war stets auf der Flucht vor der Regenbogenpresse, die sie gleichzeitig für ihre Zwecke zu nutzen wusste. Am 31. August 1997, kurz nach Mitternacht, prallte der Wagen, in dem die Mutter zweier Söhne saß, in einer Pariser Unterführung gegen einen Tunnelpfeiler. Zwei ihrer Begleiter starben am Unfallort, der Fahrzeuglenker überlebte. Das Leben der Prinzessin war nicht zu retten. Am Trauergottesdienst für die „Königin der Herzen" nahm die ganze Welt teil. Diana war das perfekte Idol für unsere Zeit.

Schön, berühmt, unglücklich und früh verstorben – der Stoff, aus dem Legenden sind: Diana, Prinzessin von Wales

Elizabeth II.

1000 Hüte: Die Queen hat mehr als 1000 Hüte in ihrem Schrank.

Die Queen in Zahlen:

1 Gott ist ihr Ehemann: Prinz Philip, Herzog von Edinburgh, wird von den Bewohnern der Insel Tanna im Südwestpazifik als Gott verehrt.

2 Ex-Schwiegertöchter: Diana Spencer, verstorbene Ex-Gattin von Prinz Charles, und Sarah Ferguson, Ex-Gattin von Prinz Andrew.

3 Nach Queen Victoria (63 Jahre) und Georg III. (59 Jahre) ist Elizabeth die englische Königin mit der drittlängsten Regierungszeit

4 Kinder: Charles (geb. 1948), Anne (geb. 1950), Andrew (geb. 1960) und Edward (geb. 1964).

5 Erzbischöfe von Canterbury hat die Königin – auch Oberhaupt der englischen Staatskirche – bisher erlebt.

8 Enkel, je zwei von jedem ihrer vier Kinder, machen die Queen zur mehrfachen Großmutter. Der älteste, Peter Phillips (geb. 1977), ist seit 2008 verheiratet.

9 Hunde, 5 Corgis und 4 Dorgis, eine Mischung aus Corgi und Dackel, gehören zum Haushalt der Pferde- und Hundenärrin.

11 Premierminister, angefangen mit Winston Churchill, empfing die Königin zur wöchentlichen Audienz. Der jüngste, Tony Blair, wurde geboren, als sie bereits Königin war.

16 Länder, ein Staatsoberhaupt. Elizabeth II. ist Königin nicht nur von Großbritannien, sondern u. a. auch von Kanada, Australien, Papua-Neuguinea und Tuvalu.

21 April – der Geburtstag der Queen, der jedoch erst im Juni gefeiert wird.

30 Personen genießen das Privileg, Elizabeth zur Patentante zu haben, darunter Andrew Parker-Bowles, Ex-Gatte von Camilla, der jetzigen Gattin des Thronfolgers.

39 Monarchen herrschten vor ihr über England, seitdem Wilhelm der Eroberer 1066 das Land besetzte.

97 Staatsbankette hat die Queen gegeben.

123-mal hat sie Porträt gesessen. Besonders umstritten war das von Lucian Freud.

160 Zentimeter misst die Königin. Ihr Gewicht ist unbekannt.

Eton College

Die Schuluniform besteht in Eton seit dem 19. Jh. aus Frack, Weste und gestreiften Hosen. Der Zylinder wurde 1939 abgeschafft. Prinz Harry ist einer der bekanntesten Schüler der traditionsreichen Schule.

Eton College, neun Uhr morgens. Der größere Hof der berühmtesten Privatschule der Welt ist leer, einsam blickt Heinrich VI., der Gründer der Anstalt, von seinem Sockel auf die letzten Zöglinge, die mit flatternden Frackschößen gerade noch pünktlich die gotische Kapelle erreichen. Wie seit Jahrhunderten beginnt der Tag hier im „The King's College of Our Lady of Eton beside Windsor" mit einer Morgenandacht. Die ausschließlich männliche Studentenschaft besteht heute allerdings nicht mehr nur aus den 70 Collegers, die, so hat es König Heinrich in der Gründungsurkunde 1440 verbrieft, als beste ihrer Klassen hier kostenlos leben und studieren können, sondern aus weiteren 1200 Oppidans, die, untergebracht in Häusern mit jeweils 50 Einzelzimmern, gegen etwa 39 000 Euro jährlich das Privileg genießen, ihre Sekundarschulzeit auf der angesehensten unter den ca. 500 Public Schools zu absolvieren, die das Land zu bieten hat. Die Nachfrage übersteigt bei weitem das Angebot an Plätzen, sodass es sich empfiehlt, mit einem großen Namen oder Vermögen zu winken – aristokratische Exklusivität wird hier auch entgegen anderen Beteuerungen noch groß geschrieben.

Spartanische Strenge und Disziplin sollten die 13- bis 18-jährigen Schüler abhärten; so stellte man sich damals Charakterbildung vor.

Aus Eton College stammen bedeutende Männer der Kunst, Wissenschaft und Politik. George Orwell, John Maynard Keynes sowie 19 Premierminister haben hier ebenso die Schulbank gedrückt wie die Prinzen William und Harry. Viele von ihnen haben sich im Holzgetäfel der Schulräume verewigt, sicherlich nicht ohne eine Tracht Prügel verabreicht bekommen zu haben, denn die Schule war bis ins letzte Jahrhundert für ihre rigiden Erziehungsmethoden bekannt. Charakterbildung rangiert auch heute noch vor der Ansammlung von Wissen, Sport ist ein großes Thema. Trotzdem erreichen bis zu einem Drittel der Absolventen die Zulassung zu einer der Eliteuniversitäten des Landes.

Fish and Chips

Das beliebteste Mitnahmegericht der Engländer musste seinen ersten Platz erst vor kurzem an die indische Küche, an Kebab-Buden und Curryhäuser abtreten. Trotzdem gelten Fish and Chips nach wie vor als preisgünstige Sättigungsmöglichkeit für hart arbeitende Städter.

Sogar in Kriegszeiten, als die Vorräte knapp waren, standen Fish and Chips nie auf der Liste der rationierten Lebensmittel.

Dabei sind in Backteig frittierter Fisch und ebenfalls frittierte, in dünne Streifen geschnittene Kartoffeln, die Chips, keine Erfindung der Engländer, sondern von Portugiesen und Spaniern bzw. Belgiern. Jüdische Flüchtlinge brachten diese Art der Fischzubereitung von der iberischen Halbinsel mit nach Nordeuropa. Der erst später nach Europa eingeführten Kartoffel wiederum soll eine flämische Hausfrau ihre Streifenform gegeben haben, als das Geld für Fisch nicht reichte. Sie nahm Kartoffeln, schnitzte sie in Form kleiner Fische und buk sie in heißem Öl. Es ist unbekannt, ob sich ihre Familie dadurch wirklich täuschen ließ.

Traditionell wurden Fish and Chips in der Zeitung von gestern serviert, moderne Hygienevorschriften lassen dies jedoch nicht mehr zu.

Der erste Fish-and-Chips-Laden öffnete bereits 1860 in London seine Pforten. Möglich geworden war dies durch die Eisenbahn, die eine tagesfrische Versorgung der Hauptstadt mit Fisch erlaubte. Um 1900 gab es bereits 30 000 solcher Geschäfte im Königreich und 1935 waren es Fish and Chips, die Gegenstand des ersten Fast-Food-Lieferdienstes der Geschichte wurden – ein Anbieter kam auf die Idee, das beliebte Gericht vom Beiwagen seines Motorrads aus zu verkaufen. Jährlich werden heute etwa 60 000 Tonnen Fisch und 500 000 Tonnen Kartoffeln zu Fish-and-Chips verarbeitet.

Grundlage des Nationalgerichts, das üblicherweise nicht zuhause zubereitet, sondern in spezialisierten Läden gekauft wird, ist weißer Fisch, normalerweise Kabeljau. Er wird mit Maisstärke bestäubt und dann in einem Teig aus Mehl, Backpulver und Bier frittiert. Die Chips entsprechen unseren Pommes Frites, sind aber etwas dicker und weicher.

Fuchsjagd

Über Jahrhunderte ein wichtiger Teil englischen Landlebens: Die Fuchsjagd.

Schon seit Urzeiten jagdte der Mensch den Fuchs, vor allem wegen seines Fells. In England wurde im 17. Jh. daraus ein sportliches Vergnügen. Zu dieser Zeit wurde viel Land gerodet, jagbares Wild wurde Mangelware, Hase und Fuchs jedoch gediehen prächtig.

Die Jagd begann damit, in einem bestimmten Areal die Baue der Füchse zu verstopfen, damit die nachtaktiven Tiere keine Möglichkeit hatten, sich zu verstecken. Am frühen Morgen wurden dann die Hunde losgelassen, um die Fährte eines Fuchses zu finden und ihn aufzuscheuchen. Der Ruf des Horns zeigte allen Jagdteilnehmern an, dass die Beute in offenem Gelände gesichtet wurde, das Zeichen für die Reiter dem Fuchs und der Meute hinterherzujagen. Nun konnte dreierlei geschehen: Dem fliehenden Tier gelang es, einen offenen Bau zu erreichen, es wurde zur Strecke gebracht und von den Hunden getötet oder es entkam. Im ersten Fall bestand die Möglichkeit, Terrier in den Bau zu schicken, im zweiten wurden dem toten Tier Kopf, Schwanz und Füße abgeschnitten und an bestimmte Reiter verteilt, der Rest den Hunden zum Fraß vorgeworfen.

Die Jagd verlief zu festen Zeiten, die Saison dauerte von November bis März.

Durchschnittlich 50 Reiter, traditionell in rotem Rock, weißer Hose und schwarzem Hut gekleidet, und 40 Hunde beteiligten sich an einer Jagd, bei der pro Tag etwa 4 Füchse ihr Leben lassen mussten. Die Eisenbahn machte es bald auch der städtischen Mittelschicht möglich, an Jagden teilzunehmen. Die Folge war eine Verzehnfachung zwischen 1840 und 1870, Füchse mussten sogar aus dem Ausland importiert werden.

Erste Proteste gegen die Fuchsjagd, anfangs aus ökonomischen, später aus ethischen Gründen, wuchsen schließlich zu einer Massenbewegung, die sie als grausam brandmarkte – mit Erfolg: Seit 2005 ist sie verboten.

Der Große Postzugraub

Charlie Wilson gelang fast genau ein Jahr nach dem Postzugraub die Flucht aus dem Gefängnis, in dem er seine 30-jährige Haft absitzen musste. 1968 wurde er wieder festgenommen.

Es ist der 8. August 1963. Ronald Biggs will sich zu seinem 34. Geburtstag ein besonderes Geschenk machen. Er ist einer von mindestens 15 Räubern, die an einer einsamen Stelle, etwa 50 km nördlich von London auf den Postzug aus Glasgow warten. Er ist auf seinem täglichen Weg in die Hauptstadt, um dort abgenutzte Geldscheine zum Einstampfen abzuliefern. 3:05 Uhr: Durch zwei manipulierte Signale kommt der Zug zum Stehen. Nachdem sie den Lokomotivführer mit dem Schlag eines Knüppels überwältigt und die Kupplung zwischen dem zweiten und dritten Waggon gelöst haben, zwingen sie ihn, den nun verkürzten Zug wieder in Bewegung zu setzen. Auf einer nahen Brücke halten sie erneut, die Räuber stürmen den zweiten Wagen, ohne auf Widerstand der ihn begleitenden Postbeamten zu stoßen. In wenigen Minuten schaffen sie 108 der 128 schweren, mit Geldscheinen gefüllten Säcke nach draußen, werfen sie die Böschung hinunter und türmen. Wie sich später herausstellt, haben sie 2 631 784 Pfund Sterling, nach heutigem Wert zwischen 50 und 100 Mio. Euro erbeutet. 3:20 Uhr: Nach 15 Minuten ist alles vorbei. Erst nach fünf Tagen stößt die Polizei auf eine heiße Spur und kann innerhalb weniger Monate fast alle Mitglieder der Bande fassen – die Täter hatten in ihrem Unterschlupf jede Menge Fingerabdrücke hinterlassen. Sie werden zu hohen Strafen verurteilt, nur einer wird aus Mangel an Beweisen freigesprochen. Das Geld bleibt größtenteils verschollen. Eine Währungsreform macht es 1970 unbrauchbar. Ronald Biggs verbringt seinen 35. Geburtstag in Haft. Er wird zum populärsten der Räuber, als ihm 1965 die Flucht gelingt. Er unterzieht sich in Paris einer Gesichts-OP und lässt sich nach mehreren Stationen in Brasilien nieder, wo er zwar bleiben, aber nicht arbeiten darf. 2001 kehrt er völlig mittellos nach England zurück und wird sogleich inhaftiert.

Viel, einfach, schnell – das machte den Großen Postzugraub zur Legende.

CITY PRICES

Smart Weston SALE STARTS TOMORROW! COVENTRY STREET AND BRANCHES

Evening Standard

WEST END FINAL

100% BRI-NYLON SHIRTS Bonsoir at MEAKERS 39/6 PICCADILLY & BRANCHES

43,591 WEDNESDAY, AUGUST 12, 1964 3d. 5

'Escape committee' go into action, raid prison and vanish with man serving 30 years

JAIL BUSTERS FREE TRAIN ROBBER

The men who plotted it all

By JOHN STEVENS

News of Wilson's dramatic escape came as no surprise to detectives who have been working on the Great Train Robbery case.

They have been expecting one of the train gang to be freed ever since they found out about an "escape committee" that has been formed in London's underworld.

And when the escape came it happened just as they expected.

It was a skilfully planned daringly executed operation—in the best Great Train Robbery tradition.

The cell door

The "escape committee" gang used a rope ladder to climb the wall, knocked out the patrolling officer, found Wilson's cell with no difficulty, opened it—and he was free.

Police were today trying to find out how they got the cell door open.

[illegible]

The loot

[illegible]

They knock out guard, open cell, give prisoner a new suit

Evening Standard Reporters

One of the Great Train Robbers, serving a 30-year sentence at Birmingham's Winson Green prison, made an "anniversary" escape today with the help of the jail busters.

The jail busters—probably three—broke in, ko'd a prison officer, and opened the cell which bookmaker Charles Frederick Wilson has occupied for four months.

Wilson discarded his uniform, put on the suit that had been brought for him and then left with his friends over the prison wall.

It is just one year and one week since the train gang struck at 3.15 in the morning and got away with £2,631,784 of which only £336,518 has been recovered.

It was between 3.15 and 3.30 this morning that Wilson got away.

How it was done

"Apparently," said the Home Office, "some person or persons got into the prison from outside. They hit the night patrol officer over the head and he was knocked unconscious. They scaled a wall by means of a rope ladder at the rear of the prison."

The attacked officer was named this afternoon as Mr. W. Nichols who joined the Prison Service about 18 months ago. He was not seriously hurt.

News of the break-out was flashed to Home Secretary Henry Brooke, who is on an official visit to Guernsey. He immediately ordered one of his senior officers to start an investigation.

Wilson, regarded as a security risk because of the length of his sentence, was in a single, ground-floor cell which was checked by a patrol officer every 15 minutes at night.

The night patrol came on last night at 9 p.m. and

● Back Page. Col. Three

'The game is not worth even the most alluring candle'

SEVEN GET 30 YEARS

'Bomb' scare at Mansion House station

FLASHBACK to April 16—the day Wilson was sentenced—and the Evening Standard's Page One headline.

Wilson under escort at the time of the Great Train Robbery trial.

Ian Fleming

dies at 56

Evening Standard Reporter

Ian Fleming, the James Bond author, died suddenly in the Kent and Canterbury Hospital early today after a heart attack. He was 56.

He had been taken ill last night and was admitted to the hospital as an emergency case at 9.45 p.m. He died at 1.10 this morning.

Mr. Fleming, his wife and son Caspar, 12 today, had been on holiday at Sandwich Bay.

In June this year Mr. Fleming spent a fortnight in the King Edward VII Hospital for Officers at Marylebone. He was said to be suffering from "general fatigue."

Last month his mother, [illegible]-year-old Mrs. Evelyn Fleming, died in Monte Carlo.

The casual success—PAGE FIFTEEN

BRITAIN'S AIR FARES ARE GOING UP

Air fares on most of Britain's domestic air routes are to be raised by between two and a half and five per cent on November 1 to meet increased airport charges at state and non-state airfields. — PAGE FIVE.

Turkey halts Cyprus flights
PAGE FIFTEEN

Alice, the warring prophetess, surrenders
PAGE FOURTEEN

WEATHER: SUNNY PERIODS
PAGE FOURTEEN

New York critics praise 'egg-head' Beatles
PAGE TEN

Guy Fawkes' Day

„Remember, remember, the fifth of November!"

Es ist die Nacht auf den 5. November 1605. An diesem Tag soll das Parlament feierlich durch den König eröffnet werden. Ein Mann eilt durch die Gassen von Westminster, sein Ziel ist ein schlichtes Gewölbe unter dem Saal, in dem diese Zeremonie stattfinden soll. In ihm sind 36 Fässer gelagert, jedes randvoll mit Schießpulver. Es ist Guy Fawkes, Engländer, ehemaliger Söldner in der Armee des spanischen Königs. Anderthalb Jahre zuvor hatte alles begonnen, neben Fawkes hatten vier weitere Männer, alles Katholiken, den Plan gefasst, ein Zeichen gegen den Antikatholizismus in England zu setzen. Den Verschwörern schlossen sich im Laufe der Zeit acht weitere Männer an. Sie mieteten das besagte Gewölbe und versahen es mit bis zu 5000 kg Schießpulver, genug, um während der Parlamentseröffnung nicht nur die gesamte politische Elite des Landes in den Tod zu reißen, sondern ganze Teile Westminsters in Schutt und Asche zu legen. Gewissensbisse führten vielleicht dazu, dass sie eines der potenziellen Opfer, einen Verwandten eines der Verschwörer und Katholik wie sie selber, brieflich warnten, er solle sich von der Zeremonie fernhalten. Der gab das Schreiben an die Behörden weiter. Sie überraschen Fawkes, als der kurz vor Mitternacht das Gewölbe erreicht und verhaften ihn. Unter dem Druck der Folter gesteht er und verrät seine Mitverschwörer, von denen keiner am Leben bleibt. Der Bevölkerung wird noch am Tag der Entdeckung gestattet, Freudenfeuer zu entzünden. Seitdem werden die Kellerräume im Parlament vor der Eröffnung jeder Sitzungsperiode sorgfältig durchsucht.

Guy Fawkes (dritter von rechts) und sieben seiner Mitverschwörer.

Die Nacht der Freudenfeuer („Bonfire Night") an jedem 5. November erinnert an jenen gescheiterten Anschlag. Auf großen Scheiterhaufen werden Guy-Fawkes-Strohpuppen verbrannt, Kinder ziehen durch die Straßen und betteln um einen „penny for the guy". Es ist die einzige Nacht im Jahr, in der in England Feuerwerk abgebrannt werden darf.

Bates
Robert Winter
Christopher Wright
John Wright
Thomas Percy
Guido Fawkes
Robert Catesby
Thomas Winter

Harrods

Das traditionsreiche Kaufhaus in Londons Nobelviertel Knightsbridge gehört weltweit zu den größten und exklusivsten seiner Art. Charles Henry Harrod gründete 1834 eine kleine Gemischtwarenhandlung, die er 15 Jahre später an den jetzigen Standort verlegte, der damals noch als, gelinde gesagt, entwicklungsfähig galt. Sein Geschäft florierte, aus zwanzig Pfund Sterling Umsatz pro Woche wurden in 20 Jahren tausend. Das Sortiment wuchs mit und umfasste bald auch Arzneimittel, Parfums und Schreibwaren. Es herrschte ein strenges Regiment, fast hundert Angestellte arbeiteten von sieben Uhr früh bis acht Uhr abends, wer zu spät kam, zahlte Strafe. Doch dann geschah ein Unglück: 1883 vernichtete ein Brand das Haus, als die Lager gerade mit Weihnachtsware gefüllt waren. Harrods garantierte jedoch, dass die Auslieferungen eingehalten würden, sich nur um ein paar Tage verzögerten und hielt dieses Versprechen. Fortan war es berühmt, galt als Synonym für englische Zuverlässigkeit.

Das neue, 1903 vollendete, palastartige Gebäude ist ein Hingucker, besonders wenn es nachts durch 12 000 Glühbirnen erleuchtet wird.

Die „Green Men" an den Eingängen von Harrods dienten früher als Hüter von Tradition und Moral, heute weisen sie Touristen höflich auf die Kleiderordnung des Hauses hin.

Die erste Rolltreppe, der erste illustrierte Katalog, der erste Winterschlussverkauf, all das made by Harrods noch vor der Wende zum 20. Jh. In diesem Shopping-Tempel mit seinen 7 Stockwerken, 300 Abteilungen und 5000 Mitarbeitern gibt es gemäß des Unternehmens-Mottos „alles, für jeden, überall" so gut wie alles, was das Herz begehrt. Harrods ist „ott", ist „over the top", eine Institution, gediegen, elegant und elitär. So elitär, dass gleich vier Mitglieder der Königsfamilie dem Haus an der Brompton Road gestatteten, sich als Hoflieferant mit ihrem Wappen zu schmücken. Nach Unstimmigkeiten mit dem Besitzer, Mohamed Al-Fayed, dessen Sohn Dodi gemeinsam mit Lady Di ums Leben kam, war damit Schluss. Heute erinnert nur noch ein kitschiger Diana-und-Dodi-Gedächtnisbrunnen im Untergeschoss an diese Episode.

Harrods
LADUREE
TEA ROOM • RESTAURANT
Bank Holiday Monday
10am - 8pm
A new food experience
9am to 9pm
10AM - 8PM

Heinrich VIII.

Gegen Gott und die Welt: Für einen legitimen Thronerben war er bereit, sich mit der allmächtigen Kirche anzulegen, Heinrich VIII. (1491–1547), der König mit den sechs Frauen, der Herrscher aus der Tudor-Dynastie, der mit dem Papst brach.

1509, im Alter von 18 Jahren bestieg Heinrich als Nachfolger seines gleichnamigen Vaters den Thron von England. Er war nicht als Thronfolger geboren worden, denn er hatte einen älteren Bruder, Arthur, der jedoch sieben Jahre zuvor gestorben war.

Die alltäglichen Geschäfte, das Studium von Papieren, das Konferieren oder das Diktieren von Erlassen war seine Sache nicht.

Es waren politische Gründe, die ihn die Witwe seines Bruders, Katharina von Aragon, Tochter des spanischen Königs, kurz vor seiner Thronbesteigung heiraten ließen – er muss ihr dennoch sehr zugetan gewesen sein.

Ein venezianischer Diplomat beschrieb den jungen König als den bestaussehenden Fürsten, den er je gesehen habe, er sei gebildet, spreche neben Französisch und Latein sogar etwas Italienisch, sei musikalisch, spiele Laute und Virginal, einen Vorläufer unseres Klaviers. Er sei sehr fromm, höre manchmal fünfmal die Messe an einem Tag, sei friedliebend, ansprechbar und gnädig, nicht zu vergessen seine Fähigkeiten im Tennis und als Bogenschütze.

Heinrich liebte es zu repräsentieren, liebte es seine Macht zu demonstrieren, für den Kleinkram hatte er seinen Lordkanzler, Thomas Wolsey. Der Sohn eines Metzgers machte sich bald unentbehrlich. Er hatte Theologie studiert, war zum Erzbischof von York und 1515 zum Kardinal erhoben worden. In seinen 14 Jahren als Kanzler raffte er einen immensen Besitz zusammen und erbaute sich Hampton Court Palace im Westen Londons, den größten Palast seiner Zeit. Noch vor seinem Sturz 1529 musste er ihn an den König abtreten.

Wolsey hatte nicht so funktioniert, wie es Heinrich VIII. von ihm erwartete. Er klagte ihn deshalb wegen Hochverrats an und gedachte sich seiner auf eine Art und Weise zu entledigen, wie er es mit vielen in Ungnade gefallenen Ratgebern getan hatte. Er sollte, verurteilt von einem „unabhängigen“ Gericht, auf dem Schafott enden, doch Wolsey tat ihm den Gefallen nicht und starb auf dem Weg in den Tower. Sein Vergehen war in Heinrichs Augen sein vermeintliches Paktieren mit dem Papst in der Frage der Scheidung des Königs von seiner spanischen Frau.

Massiges Gesicht, kleine Augen, schmallippiger Mund – König Heinrich VIII. gesehen in seinem 49-ten Lebensjahr von seinem Hofmaler Hans Holbein d. J.

Katharina war häufig schwanger, doch das einzige von sechs Kindern, das am Leben blieb, war eine Tochter, Maria (1516–1558), die als Königin den Beinamen „die Blutige“ erhielt. Um die Zukunft seiner Dynastie, der Tudors, zu sichern, meinte der König, unbedingt einen Sohn haben zu müssen. Kinder von Mätressen, von denen es viele gab, zählten nicht, auch wenn er sie legitimierte. Er brauchte eine rechtmäßige Frau, die ihm einen Sohn schenken konnte, dafür war er sogar bereit, politische Konflikte hinzunehmen, denn die beim Volk beliebte Katharina, der er sich zuvor entledigen musste, war die Tante des römisch-deutschen Kaisers Karl V. Es traf sich gut, dass er sich gerade zu dieser Zeit unsterblich in eine der Hofdamen Katharinas, eine junge Adelige, die temperamentvolle Anne Boleyn, verliebte. Jetzt fehlte ihm zu seinem Glück nur noch die Annullierung seiner Ehe durch den Papst, eine reine Formsache, denn die Bibel lieferte das passende Argument: „Wenn jemand die Frau seines Bruders nimmt, ist das eine schändliche Tat.“ Aber die große Politik machte Heinrich einen Strich durch die Rechnung, Papst Clemens VII. weigerte sich, er war dem Kaiser verpflichtet. Ende 1532 war Anne Boleyn schwanger, die Hofastronomen prophezeiten einen Jungen. Nun galt es zu handeln. Heinrich heiratete seine Mätresse, erst danach wurde seine Ehe mit Katharina von einer Kommission der englischen Kirche für nichtig erklärt, der Papst wurde nicht mehr gefragt. Am 7. September kam der ersehnte Thronfolger zur Welt – und war wieder eine Thronfolgerin, die spätere Elisabeth I. (1533–1603), Rivalin Maria Stuarts.

Damit war ein Bruch mit Rom kaum noch zu vermeiden. Der Papst erkannte die neue Ehe nicht an und erklärte Elisabeth zum Bastard. Nun wäre es für Heinrich ein Leichtes gewesen, die Reformation auch in seinem Land einzuführen, doch er war kein Anhänger Luthers. Er ging einen anderen Weg, ließ sich zum Oberhaupt der katholischen Kirche in England ernennen, zog künftig die Kirchensteuer selbst ein und verkaufte die aufgehobenen Klöster an den Landadel. Die Staatskasse war als Folge prall gefüllt, der König genoss sein Leben, wenn auch künftig ohne Anne Boleyn, die er, nachdem er nicht mehr auf einen Sohn hoffte, wegen Ehebruchs anklagen und 1536 hinrichten ließ.

Heinrich VIII. Tochter Elisabeth I. ging als die „jungfräuliche Königin" in die Geschichte ein. Wie die anderen Kinder Heinrichs, Eduard und Maria, blieb auch sie ohne Nachkommen.

Noch am Tag nach der Exekution heiratete er die sanftmütige Jane Seymour, die ihm endlich den ersehnten Prinzen, Eduard (1537–1553), gebar. Das stets kränkelnde Kind folgte seinem Vater im Alter von neun Jahren auf den Thron, starb jedoch bereits sechs Jahre später. Jane Seymour war nicht die letzte Frau im Leben des Königs, denn sie starb im Kindbett.

Politisch schien es nun opportun zu sein, eine deutsche Prinzessin mit guten Verbindungen zu den Protestanten zur Königin zu machen, doch enttäuscht von ihrem Aussehen, das nicht den

1540 gab ihm die 20-jährige Catherine Howard das Ja-Wort. Zwei Jahre später betrat sie, wie zuvor ihre Cousine Anne Boleyn, des Ehebruchs überführt, das Schafott.

Jane Seymour, dritte, und Catherine Howard, fünfte Ehefrau Heinrichs VIII., sollen noch immer in Hampton Court Palace umherspuken.

Porträts entsprach, trennte sich Heinrich schon nach einem halben Jahr wieder von der „flandrischen Stute", Anna von Kleve, ohne die Ehe vollzogen zu haben. Noch zweimal läuteten die Hochzeitsglocken für den englischen König:

Catherine Parr, die sechste und letzte Frau Heinrichs, pflegte den kranken und stark übergewichtigen Herrscher bis zu seinem Tod. Neben Anna von Kleve war sie die einzige, die ihn überlebte.

Henley Royal Regatta

Die Königliche Regatta in Henley-on-Thames, einer Kleinstadt westlich von London, ist eine jener Traditionsveranstaltungen, an denen England reicher ist als andere Länder. Erstmals ausgetragen 1839, in einer Zeit, als es noch keine Ruderverbände gab, wird sie noch immer nach ihren eigenen Regeln veranstaltet. Am auffälligsten ist, dass jeweils nur zwei Boote gegeneinander antreten. Das macht die Rennen einerseits recht simpel, andererseits zieht es die Veranstaltung, die jeweils in der ersten Juli-Woche stattfindet, ungemein in die Länge, immerhin werden 19 verschiedene Pokale vergeben, um die sich meist mehr als etwa 450 Boote bewerben. Auch die Rennstrecke ist ungewöhnlich: Zum einen ist sie recht schmal, zum anderen entspricht die Länge nicht internationalen Standards. 2112 Meter, eine Meile und 550 Yards, geht es die Themse hinauf, von der Tempel-Insel bis kurz vor einen Knick des Flusses – die längstmögliche Strecke bei Gründung des Wettbewerbs. Sie wurde in 170 Jahren ganze zweimal leicht verlegt, die ungewöhnliche Länge wurde immer beibehalten. Die Verkürzung auf eine Meile und 440 Yards blieb 1923 Episode. Ein einmaliges Ärgernis, das die Zuschauer vermutlich mit einem vermehrten Genuss von Pimm's, einem Kräuter-Longdrink, der zu Henley gehört wie die Erdbeeren zu Wimbledon, quittierten.

Die strengen Kleidervorschriften von Henley sind nur innerhalb eines umgrenzten Zuschauerbereichs zu beachten.

Organisiert wird die fünftägige Regatta, die seit 1851 unter königlichem Patronat steht, durch die Stewards, meist ehemalige Ruderer. Sie achten auch darauf, dass das Reglement eingehalten wird. Es ist in manchen Dingen den Zuschauern rigoroser gegenüber als den Athleten. Andere Vorschriften mussten sich der Zeit anpassen, wie die Begrenzung der Teilnahme auf „gentlemen", nach Definition der Stewards Männer, die nicht mit eigener Hände Arbeit ihr Geld verdienen, oder der generelle Ausschluss von Frauen.

Den Damen wird Hut empfohlen, von den Herre wird Anzug verlangt oder Sakko oder Blazer mit Sommerflanellhose und Schlips oder Fliege.

HMS Victory

Zur Hebung der Moral wurde jedem Matrosen zeitweise eine Tasse Rum täglich ausgeschenkt, ansonsten gab es Wasser und Bier.

Eine Aufnahme vom Anfang des 20. Jh. zeigt die HMS Victory noch in ihrem Element.

Die Victory, ein aus dem Holz von 6000 Bäumen erbautes Segelschiff, erlangte Berühmtheit als Flaggschiff der englischen Flotte in der Schlacht von Trafalgar, 1805. Durch den dort, vor der Südküste Spaniens während der Napoleonischen Kriege erkämpften Sieg über die französisch-spanische Armada, erlangten die Briten die Vorherrschaft über die Weltmeere. 1765 vom Stapel gelassen war die Victory bereits das fünfte Schiff ihres Namens. Der etwa 69 m lange und 16 m breite Dreimaster erreichte unter vollem Segel knapp 17 km/h Fahrt. 850 Mann waren nötig, um das riesige Schiff mit seinen 104 Kanonen kampftüchtig zu halten. Die Matrosen waren so gedrillt, dass alle 90 Sekunden eine volle Breitseite gefeuert werden konnte. Untergebracht war die Besatzung mit Ausnahme der Offiziere auf den drei Decks zwischen den Kanonen. Dort spannten sie ihre Hängematten auf, dort aßen sie auf an Seilen herabhängenden Tischplatten drei Mahlzeiten am Tag, die vornehmlich aus Getreidebrei mit etwas Fett, Pökelfleisch, Erbsen, Zwieback und Käse bestanden. 1812 kehrte die HMS Victory von ihrem letzten Gefechtseinsatz zurück, seit 1922 liegt sie in einem Trockendock in Portsmouth und wird heute, generalüberholt, als Museumsschiff genutzt.

Der Sieg der Victory ist untrennbar verknüpft mit dem Kommandeur vor Trafalgar, Admiral Horatio Nelson (1758–1805). Mit dem geflügelten Wort, „England erwartet, dass jeder Mann seine Pflicht tut", schwor er seine Mannschaften ein. Seiner Taktik war es zu verdanken, dass die zahlenmäßig unterlegenen Engländer über die gegnerische Flotte triumphierten. Es war seine letzte Schlacht. Die Musketenkugel eines Scharfschützen traf den Admiral und kostete sein Leben. Er wurde in St. Paul's in London beigesetzt, an ihn erinnert eine 55 m hohe, von seiner Statue gekrönte Säule mitten auf dem Trafalgar Square im Herzen der Hauptstadt.

Hosenbandorden

Das Emblem des Hosenbandordens zeigt das Georgskreuz und das Hosenband mit dem französischen Motto des Ordens.

Der Hosenbandorden ist der älteste und exklusivste englische Orden. Er wurde 1348 durch Edward III. begründet und besteht aus 24 Rittern, Mitglieder des Königshauses und ausländische Ordensträger nicht eingerechnet. Ernannt werden sie aus eigenem Recht, also nicht auf Vorschlag des Premierministers, durch den Monarchen. Er ehrt damit Persönlichkeiten, die sich um die Monarchie verdient gemacht haben. Schutzpatron des Ordens – und des ganzen Landes – ist der heilige Georg, in dessen Kapelle in Windsor jeder Ritter seinen eigenen Platz hat. Die Insignien des Hosenbandordens haben sich über die Jahrhunderte entwickelt und bestehen heute aus der Ordenskette mit einem Anhänger, der den heiligen Georg mit dem Drachen zeigt und einem Bruststern mit Georgskreuz. Dazu wird bei Feierlichkeiten eine Tracht angelegt, die sich aus einer blauen Samtrobe mit aufgesticktem Georgskreuz, schwarzem Samthut und einer weißen Feder zusammensetzt. Zusätzlich tragen die männlichen Ritter am linken Knie ein blaues Schnallenband mit dem Motto des Ordens, die Frauen befestigen es am linken Oberarm.

Honi soit qui mal y pense

Anders als bei den anderen alten europäischen Orden wurden in den Hosenbandorden von Anfang an auch Frauen aufgenommen. Sie wurden jedoch keine Ritter. Erst 1987 erlangten sie die völlige Gleichberechtigung und stellen heute mit der ehemaligen Premierministerin, Lady Thatcher, und der jüngsten Tochter Winston Churchills, Lady Soames, zwei seiner 24 Mitglieder.

Seine Entstehung verdankt der Orden, so die Legende, einer peinlichen Situation: Beim Tanz verlor die Geliebte Edwards III., die Gräfin von Salisbury, ihr Strumpfband. Der König hob es auf und band es um sein eigenes Bein. Den pikiert blickenden Zuschauern begegnete er mit dem zum Motto des Ordens erwählten Satz: „Honi soit qui mal y pense – ein Schelm, wer Böses dabei denkt“.

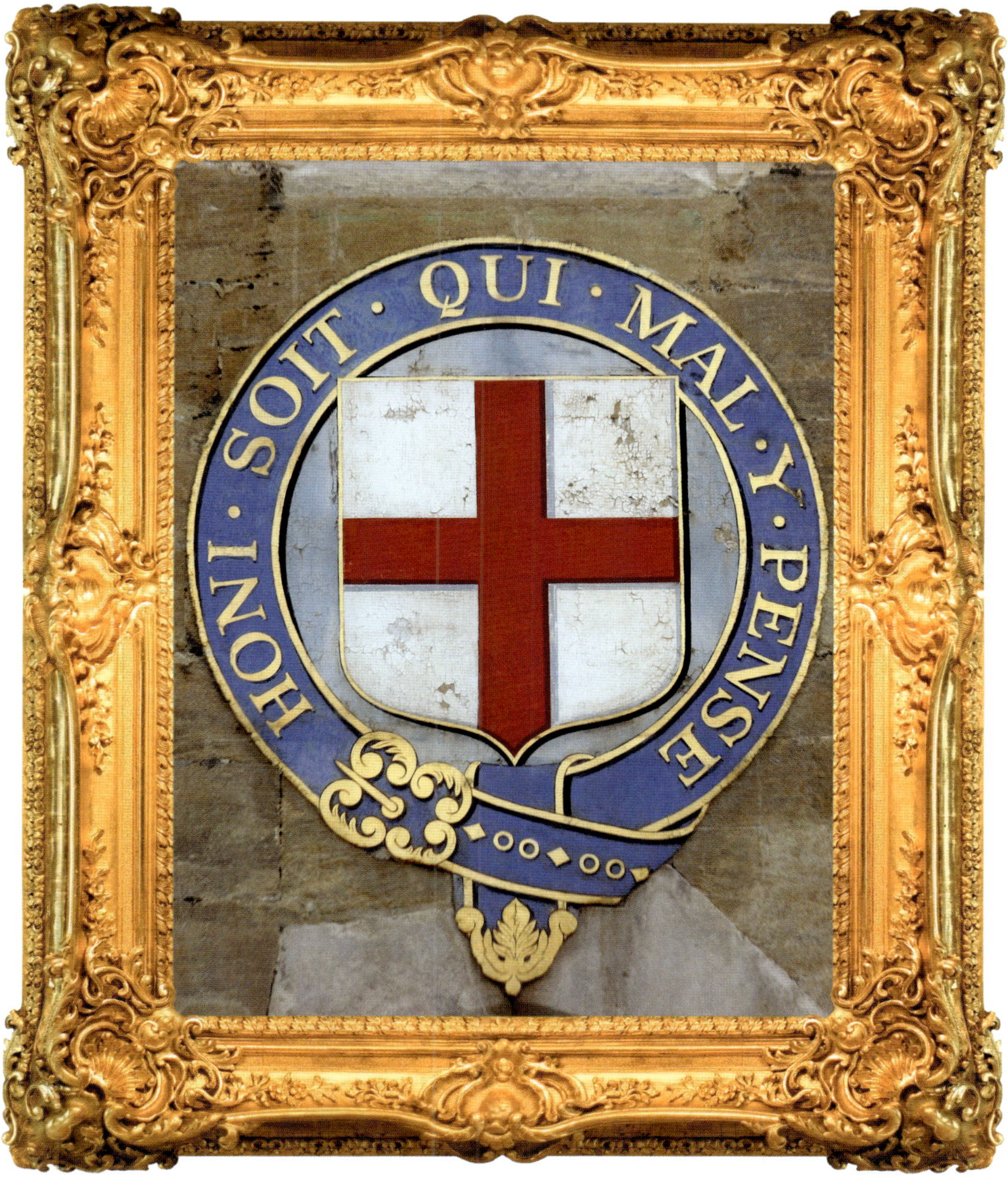
HONI · SOIT · QUI · MAL · Y · PENSE

Imperiale Maßeinheiten

Eine Tankstelle irgendwo in England. Ein Autofahrer fährt vor und füllt 50 Liter Benzin in seinen Tank. Er bezahlt und nimmt noch einen Liter Cola aus dem Regal, denn es ist heiß, das Radio meldet 29 Grad Celsius. „30 is hot, 20 is nice, 10 is cold, zero is ice." Mit diesem Merksatz im Kopf macht er sich auf in den Pub, der wenige hundert Yards entfernt liegt. Auch bei erlaubten 35 Meilen pro Stunde ist er schnell da. Er stellt sich an die Theke, bestellt sich ein Pint Bitter und ärgert sich über die Typen, die ihm die Sicht auf den Fernseher verwehren, keiner von ihnen ist kleiner als 6 Fuß 3 Zoll. Er fühlt sich nicht wohl, heute morgen zeigte das Fieberthermometer 100,8 Grad Fahrenheit!

England ist ein Land, in dem der Zollstock noch seinem Namen gerecht wird.

So sieht der englische Alltag aus: Trotz 35 Jahren Zugehörigkeit zur EU und Umstellung auf das metrische System existieren die alten Maßeinheiten, das Imperiale System von 1824, noch immer. Es wird in Fuß, Zoll und Meter, Pfund, Unze und Gramm, Pint und Liter gerechnet. 2010 sollte dieses Durcheinander eigentlich ein Ende finden, so die Vereinbarung mit den Kontinentaleuropäern.

Der Unmut machte sich zuerst in Einzelaktionen Luft. Zwei Markthändler aus Sunderland wehrten sich und klagten gegen die Beschlagnahmung ihrer Pfund- und Unzen-Gewichte. Bis zum Europäischen Gerichtshof für Menschenrechte waren sie gegangen und hatten verloren. Steve Thoburn, einer der beiden, nahm sich die Entscheidung so zu Herzen, dass er, noch jung an Jahren, an einem Herzinfarkt starb. Die ihm zu Ehren gegründeten „Metrischen Märtyrer" setzten den Kampf fort. Keinen Zoll wichen sie von ihren maßvollen Forderungen zurück, hinter sich das Pfund der öffentlichen Meinung: 80 Prozent der Briten sind für die Beibehaltung des alten Systems. Schließlich ein Aufatmen. Auch in Zukunft darf mit Meile, Zoll und Unze gerechnet werden, auch über 2010 hinaus.

Die mächtigen EU-Kommissare hatten nicht mit den traditions verliebten Briten gerechnet.

James Bond

Gutes Aussehen und schöne Frauen, schnelle Autos und Aufträge, die den ganzen Mann fordern: das ist Bond, James Bond, Agent im Geheimdienst ihrer Majestät. Erfunden hat diesen modernen Helden ein Autor, der wusste, wovon er schrieb, Ian Fleming (1908–1964). Er hatte selbst in hoher Position für den Marine-Geheimdienst gearbeitet. Davor war der Sohn eines Unterhausabgeordneten, der sowohl die Eliteschule in Eton als auch die Militärakademie in Sandhurst vorzeitig verlassen musste, als Journalist und Wertpapierhändler tätig. Kurz vor seiner Hochzeit kam ihm die Idee zu seinem ersten Roman, Casino Royale. Er erschien 1953 und verkaufte sich nur mäßig, im ersten Monat wurden knapp 5000 Exemplare abgesetzt. Ein Amerikaner erwarb die Filmrechte und brachte den Roman ins Fernsehen, jedoch ohne Erfolg. Fleming ließ sich nicht beirren. Er schrieb weiter und gewann immer mehr an Popularität, auch in den USA – Präsident Kennedy nannte „Liebesgrüße aus Moskau" eines seiner Lieblingsbücher. Am Ende sollten es 14 Romane sein, in denen 007 die Welt rettet.

„Mein Name ist Bond … James Bond."

Sean Connery, erster Darsteller des Geheimagenten im Film, gilt den meisten Bond-Fans nach wie vor als beste Verkörperung ihres Helden.

James Bond kämpft seit 1962 auch im Kino gegen alle Regeln der Wahrscheinlichkeit, die Handlung wurde immer spektakulärer, aber auch absurder. Während sich die Filme der 1960er und 1970er Jahre, in denen der Agent von Sean Connery und Roger Moore verkörpert wurde, noch sehr an den Romanvorlagen orientierten, kamen sie später ganz ohne literarisches Vorbild aus. Erst 2006, im 21. Abenteuer, kehrten die Produzenten wieder mit Casino Royale zu den Ursprüngen zurück. Nach Connery und Moore, George Lazenby, Timothy Dalton und Pierce Brosnan trinkt inzwischen Daniel Craig als sechster Darsteller seinen Wodka-Martini geschüttelt, nicht gerührt.

Fleming wurde mit Bond zum reichen Mann und genoss sein kurzes Leben. Er starb an einem Herzinfarkt.

König Artus

Der „runde Tisch" ist keine Erfindung unserer Zeit. Er vermied schon im Mittelalter den Streit um Rangunterschiede.

„Dark ages" – dunkle Zeiten nennen die Engländer das Jahrhundert ihrer Geschichte, über das kaum Gesichertes zu berichten ist, obwohl es durchaus Quellen gibt. Es begann 410 mit dem Abzug der Römer. Bis heute ist nicht klar, wer das Machtvakuum auf der Insel zu füllen vermochte, wie genau die Landnahme durch die Angelsachsen, die im 5. Jh. aus dem Norden Germaniens nach England übersetzten, ablief. Wie viel weniger mussten erst die Chronisten des Mittelalters wissen, die sich, zum Schließen dieser Lücke, aus spärlichen Quellen und mündlicher Überlieferung einen mächtigen und gerechten König erschufen, Artus.

Um den bedeutendsten Mythos der englischen Kultur, wucherten im Laufe der Jahrhunderte zahlreiche weitere Geschichten.

Jener Artus lebte auf einem prächtigen Schloss, Camelot. Dort versammelte er die edelsten und tapfersten Ritter seines Reiches an einem runden Tisch, der Tafelrunde. Artus hatte Glück, denn er verfügte über den besten aller Ratgeber, den Zauberer Merlin, dessen Mahnungen er – fast – immer beachtete, denn bei der Wahl seiner Gemahlin ließ er einzig sein Herz sprechen. Doch seiner Ehe mit Guinever war kein Glück beschieden, sie betrog ihren Gatten mit Lancelot, dem treuesten von dessen Rittern. Artus verzieh ihr, trotzdem war der Treuebruch der Anfang vom Ende Camelots. Zuletzt fiel der glorreiche König in einer Schlacht gegen Mordred, seinen unehelichen Sohn, der nach dem Throne schielte.

Die Ritter seiner Tafelrunde erlebten Abenteuer, kämpften gegen Drachen, begaben sich wie Parzival auf die Suche nach dem heiligen Gral oder verliebten sich tragisch, wie Tristan in Isolde. Es entspannen sich weitere Legenden um Artus wie die um seine Halbschwester, die Magierin Morgana, oder sein magisches Schwert Excalibur, das er am Ende im gleichen See versenken ließ, über den er nach Avalon, ins Totenreich geleitet wurde. Von dort, so sagt man, wird er eines Tages zurückkehren ...

Kreidefelsen von Dover

Albion, der keltische Name Britanniens, so meinten die Römer, sei vom lateinischen „albus", weiß, abgeleitet und beziehe sich auf das strahlende Weiß der Klippen von Dover. Sie sind bei gutem Wetter von der Nordküste Frankreichs aus sichtbar, befinden sie sich doch an der Stelle der größten Nähe der britischen Insel zum europäischen Festland, zum „Kontinent", wie der Engländer sagt. Kamen sie beim Überqueren des Ärmelkanals in Sicht, war die Heimat nicht mehr weit. Sie fassen Stadt und Hafen von Dover schützend ein, sind Symbol des Inselreichs, seiner glanzvollen Isolation, seines Widerstands gegen Invasoren – zuletzt in dem beschwörend patriotischen Schlager der 1940er Jahre: „There'll Be Bluebirds Over The White Cliffs Of Dover" von Vera Lynn.

I have loved England,
dearly and deeply
Since that first morning,
shining and pure
The white cliffs of Dover,
I saw rising steeply

Die Kreidefelsen von Dover bestehen aus weißem, mit schwarzem Feuerstein durchsetzten Kalk.

Die bis zu 106 Meter hohen Klippen entstammen der Kreidezeit. Vor über 100 Millionen Jahren, als sich dieses Gebiet in tropischen Gewässern befand, sanken die Skelette von kleinsten Meeresbewohnern auf den Grund und bildeten eine Kalkschicht, die bei Dover 250 Meter dick ist. Durch Erosion entstanden vor etwa einer halben Million Jahren Felsklippen wie hier an der südenglischen Küste oder, in kleinerem Maßstab, die Kreidefelsen auf der Insel Rügen. Auf den Langdon Cliffs, die sich östlich von Dover etwa 10 km weit hinziehen, steht der South-Foreland-Leuchtturm, von dem aus Guglielmo Marconi 1898 die erste Funkübertragung zu einem Schiff gelang.

Dover, die Stadt zwischen den Klippen, „Schloss und Schlüssel Englands", war bereits unter den Römern ein wichtiger Hafen. Ihre Burganlage ist neben dem Tower in London die größte und besterhaltene Englands. Die Tunnel, die sich unter ihr seit 200 Jahren durch die Kreidefelsen ziehen, wurden militärisch genutzt.

Kronjuwelen

Die Imperial State Crown ziert jedes Jahr bei der Parlamentseröffnung den Kopf der Königin.

Seit über 700 Jahren ist der Tower Aufbewahrungsort der Kronjuwelen. Sie scheinen zum Greifen nah hinter den kugelsicheren Panzerglasscheiben, die so dünn und zerbrechlich wirken. All die glitzernden Prunkstücke verlassen den Hort regelmäßig, nicht nur um gereinigt zu werden, sondern weil alle, mit Ausnahme der indischen Kaiserkrone, noch benutzt werden. Beamte sind in England „Diener der Krone", wobei offen bleibt, welche gemeint ist. Denn der Staatsschatz enthält mehr als ein Dutzend dieser unpraktischen Kopfbedeckungen, von denen keine älter als 350 Jahre ist, denn als Cromwell die Monarchie 1649 abschaffte, ließ er sämtliche Pretiosen zerlegen und verkaufte die Einzelteile. Nur ganze zwei Stücke des mittelalterlichen Kronschatzes überstanden den republikanischen Eifer. Zur eigentlichen Krönung benutzt wird die St.-Edwards-Krone. Sie wiegt über 2 kg, besteht aus massivem Gold und enthält 444 Edelsteine. Da sie zu sehr auf die königlichen Häupter drückt, wurde zum entspannteren Tragen die Imperial State Crown geschaffen. Sie ist wegen der Vielzahl und Qualität der sie zierenden Diamanten, Perlen, Saphire, Smaragde und Rubine berühmt. Der Rubin des Schwarzen Prinzen und der „Kleine Stern von Afrika", einer von vier aus dem riesigen Cullinan-Diamanten geschnittenen Brillanten, blenden den Betrachter. Auch die anderen drei Teile, darunter der mit 530 Karat größte geschliffene Diamant der Welt, funkeln hier auf Szeptern und Kronen. Das Prunkstück ist jedoch der sagenhafte Koh-i-Noor. Der „Berg des Lichts" wurde 1850 Königin Victoria geschenkt, die ihn neu schneiden ließ, weil er ihr zu wenig funkelte. Seitdem wurde der Diamant nur noch von Königinnen getragen, denn jedem männlichen Träger soll er Unglück bringen.

Die Symbole der britischen Monarchie strahlen um die Wette, seit sie vor einigen Jahren in einem neuen Ausstellungstrakt im Tower gezeigt werden.

Landschaftsgarten

Es war eine Revolution in der Gartenbaukunst, was da in der Umgebung Londons passierte: Anstelle des barocken Gartens, der auf rechteckigem Grundriss die perfekte Geometrie predigte, Bäume, Büsche und Blumenbeete stutzte und bändigte, propagierten englische Philosophen und Künstler am Anfang des 18. Jh. den freieren Umgang mit der Natur. Der erste, der die Theorien in die Praxis umsetzt, ist der englische Schriftsteller Alexander Pope, der sich in Twickenham an der Themse den ersten Garten im neuen Stil anlegt.

Sie wollen ganz natürlich wirken, sind jedoch sorgfältig geplant.

Die englischen Gärten, wie die neuartigen Landschaftsgärten auf dem Kontinent genannt werden, zeichnen sich durch eine pittoreske Komposition aus Landform, Wasser, Wald und Wiesen aus. Ausgedehnte Rasenflächen werden wie zufällig von Einzelbäumen, vor allem Eichen und Buchen, und Baumgruppen gegliedert, große Seen verdrängen rechteckige Wasserbassins, mäandernde Bäche durchziehen die Parks. Das Landschaftsprofil wird mithilfe künstlicher Aufschüttungen passend gemacht, Hügel sollen weitreichende Blicke in die Natur ermöglichen, die von keinen Mauern und Zäunen begrenzt werden – sie verschwinden in Gräben und werden bald „Haha“ genannt, wegen des erstaunten „Ah ha“, das sie bei Besuchern hervorrufen. Der erste Gartenarchitekt, der das neue Denken systematisch umsetzt ist Lancelot „Capability“ Brown (1716–1783), der seinen Beinamen aufgrund der Versicherung gegenüber seiner Kundschaft, er könne das Potenzial (engl. capability) jeden Grundstücks voll ausschöpfen und seinen Plänen unterwerfen, trägt. An über 170 Gartenbauprojekten war er beteiligt.

Der Landschaftsgarten von Stourhead diente mehrfach als Filmkulisse, u.a. für Stanley Kubricks „Barry Lyndon“.

Setzt Brown vollständig auf die Natur, verlassen sich andere lieber auf exotische und theatralische Elemente, verteilen in den Parks Grotten, Türme, Tempel, Pagoden, Pyramiden und andere Staffagen, die den Fluchtpunkt von Sichtachsen bilden.

„Last Night of The Proms“

Die „Proms“ sind eine Serie von über 70 Konzerten mit klassischer Musik. Sie werden seit 1895 jedes Jahr im Sommer veranstaltet und hatten ursprünglich einen erzieherischen Zweck: Auch Menschen, die normalerweise keine klassischen Konzerte besuchen, sollten durch günstige Kartenpreise und eine zwanglose Atmosphäre – Essen, Trinken und Rauchen wurden ausdrücklich erlaubt – zu einem Besuch des Musentempels animiert werden. „Proms“ ist eine Abkürzung für „Promenadenkonzerte“ im Sinne von „umherschlendern“, denn auch das war erlaubt. Zumindest im unbestuhlten Parkett der als Amphitheater gebauten Royal Albert Hall in London, seit 1942 Veranstaltungsort der Proms, wäre das Promenieren noch immer möglich, es ist aus praktischen Gründen undurchführbar, denn üblicherweise herrscht dort eine drangvolle Enge, sind alle Konzerte ausverkauft.

Bei der „Last Night of the Proms“ gleicht die altehrwürdige Royal Albert Hall in London, die etwa 8000 Besuchern Platz bietet, einem Hexenkessel.

Am populärsten ist das Abschlusskonzert, die „Last Night of the Proms“. Die üblicherweise am zweiten Samstag im September stattfindende Veranstaltung wird in Radio und Fernsehen übertragen und seit ein paar Jahren auch auf Großbildwände in Parks und auf Plätze im ganzen Inselreich. Wie alte Bekannte begrüßt das Publikum bei der „Last Night“ populäre Musikstücke mit viel Jubel und stimmt zu guter Letzt in die patriotischen Gesänge ein, die das Markenzeichen dieser Veranstaltung sind. Sie bieten den oft fantasievoll gekleideten, heiter gestimmten Zuschauern ein ideales Podium zum Schwenken von Fähnchen und Steigenlassen von Luftballons, bevor es mit dem Abspielen der Nationalhymne wieder ernst wird. All das findet unter den Augen von James Wood statt, dem musikalischen Leiter der Proms der ersten Jahrzehnte. Dessen Büste vor der großen Orgel wird während des Konzerts traditionell mit Lorbeer geschmückt.

Bei dem größten Musikfestival der Welt wird auch viel selten Gehörtes geboten.

Lawrence von Arabien

„Alles, was du von mir sehen wirst, ist eine kleine Staubwolke am Horizont.“

In Stein gemeißelt liegt er da, mit einem Burnus angetan, den Kopf auf einen Kamelsattel gebettet – ein ungewöhnliches Grabdenkmal für eine kleine Kirche in Dorset. Es erinnert an Thomas Edward Lawrence, besser bekannt als „Lawrence von Arabien“. Ganz in der Nähe war er 1935 durch einen Motorradunfall ums Leben gekommen, die genauen Umstände wurden nie geklärt.

Mit „Die Sieben Säulen der Weisheit“ hinterließ er eine Autobiografie, die seine Persönlichkeit nur zum Teil erklärt, da in ihr Wirklichkeit und Imagination verschwimmen. Sicher ist, dass der 1888 in Wales geborene Einzelgänger Geschichte und Archäologie in Oxford studierte. Gerade an Ausgrabungen in Syrien teilnehmend, wurde Lawrence bei Ausbruch des Ersten Weltkriegs vom Britischen Geheimdienst nach Kairo beordert. An der Seite der nach Freiheit vom Osmanischen Reich strebenden Araber kämpfte er erfolgreich gegen die Türken und wurde dabei zum Mythos. Seinem Freund, dem späteren irakischen König Feisal I. im Namen der Briten gegebene Versprechen zur Gründung eines arabischen Staates, musste er auf Befehl seiner Vorgesetzten brechen. Desillusioniert ließ er sich degradieren. Um seinem Ruhm als Abenteurer und Gelehrter, der Züge sprengt und als zutiefst verehrter Feldherr die Araber zu Siegen führt, zu entkommen, änderte er seine Identität und versah ab 1923 seinen Dienst als einfacher Soldat in Bovington. Er bezog ein fast fensterloses, einsam gelegenes Cottage, das nur mit einem Bett, einem Tisch, drei Stühlen, einem Grammophon und 100 Büchern ausgestattet war. Hier empfing Lawrence seine „Gefährten der Nacht“; seine homoerotisch-masochistische Seite wurde lange verschwiegen, sie passte nicht zu dem Bild des edlen Helden.

Er war eine der großen charismatischen Persönlichkeiten des 20. Jahrhunderts und liebte es, sich als Rätsel zu inszenieren.

Ein amerikanischer Journalist machte aus dem englischen Offizier T. E. Lawrence den weißen Gott der Wüste, Lawrence von Arabien (Foto um 1916/17).

London

Am Piccadilly Circus brummt Tag und Nacht das Leben.

Schon die Größe ist erstaunlich: Englands Hauptstadt bedeckt eine Fläche doppelt so groß wie Berlin und schlägt die deutsche Metropole auch mit der Zahl der Einwohner, deutlich. 7,2 Mio. sollen es sein. Jeder fünfte davon gehört einer ethnischen Minderheit an, die vor allem aus den ehemaligen Kolonien, aus Indien, Pakistan, Afrika und der Karibik stammen. Sie machen die Stadt zu einem Zentrum multikulturellen Lebens, das weitgehend reibungslos verläuft.

Londinium ist eine Gründung der Römer, die im Laufe der Jahrhunderte an der Themse entlang wucherte und dabei Dörfer und Gemeinden schluckte. Auch die weitgehend selbstständige City of London, wie alle wichtigen Einrichtungen und die meisten Sehenswürdigkeiten am Nordufer der Themse liegend, gehört zum inneren Stadtgebiet.

„When a man is tired of London, he is tired of Life.“ (Samuel Johnson)

Das Leben in der reichsten Stadt des Landes ist teuer, der Rolls-Royce ist hier ebenso selbstverständlich wie das Wohnen im Pappkarton. Nirgendwo haben sich so viele ausländische Banken niedergelassen wie hier, das um 30 Prozent höhere Lohnniveau als im Rest des Landes zieht jedes Jahr Scharen von Neubürgern an. Die Kehrseite ist die Notwendigkeit zum Pendeln, da die billigen Wohngebiete in den weit entfernten Randbezirken zu finden sind. Dabei wird nicht das eigene Auto benutzt, denn außer dem Dauerstau spricht dagegen auch die Gebühr, die für das Fahren in der Innenstadt erhoben wird. 5500 Autobusse, Züge und U-Bahnen mit 800 Bahnhöfen sorgen dafür, jeden an sein gewünschtes Ziel zu bringen. Fünf Flughäfen und acht Sackbahnhöfe dienen dem Fernverkehr. Über sie erreichen die 26 Mio. Touristen, die sich jährlich in die pulsierende Mode-, Musik- und Kunstmetropole ergießen, die Stadt, die 2012 bereits zum dritten Mal Ausrichter der Olympischen Spiele sein wird.

Coke
FOSTER'S
TDK
SANYO
H.SAMUEL

Magna Carta

Eine 1297 entstandene Fassung der Magna Carta. Es ist die einzige Version, die sich in Privatbesitz befindet.

König Johann (1167–1216) war einer der bestgehassten aller englischen Monarchen. „So widerwärtig die Hölle auch ist, so sehr wird sie doch beschmutzt durch die Gegenwart König Johanns", schrieb ein Mönch kurz nach dem Tod des Königs. Seinen außergewöhnlichen Beinamen „Ohneland" trug der Bruder des populären Richard Löwenherz, weil ihm sein Vater, König Heinrich II. von England, nur kleine Gebiete seines Reiches vermacht hatte. Johann brachte die Barone seines Landes, die sich in Teilen von ihm bereits abwandten, als er vom Papst exkommunziert wurde, endgültig gegen sich auf, als er 1214 die Schlacht von Bouvines, eine entscheidende Schlacht gegen den französischen König, verlor. Etwa 40 der einflussreichsten Barone verlangten als Gegenleistung für ihre künftige Treue die Garantie ihrer Rechte. Ihren Forderungen verliehen sie durch die Einnahme Londons Nachdruck. Johann musste nachgeben und bestätigte 1215 in Runnymede vor den Toren der Hauptstadt die Magna Carta Libertatum, die „Große Freiheitsurkunde", mit seinem Siegel. Dieses Dokument, das sich in Teilen auf eine 100 Jahre alte Vereinbarung zwischen König und Adel bezog, in dem dieser sich dazu bereit erklärte, sich wie seine Untertanen dem Recht zu unterwerfen, wurde in mehreren Exemplaren ausgefertigt, von denen heute noch vier erhalten sind. Ihre endgültige Fassung, die bis 1689 das grundlegende Verfassungsdokument Englands blieb, erhielt sie 1225.

Die Schatztruhen des Landes waren leer, der Adel nicht mehr bereit noch länger für die Unfähigkeit seines Lehnsherrn geradezustehen.

Die Bedeutung der Magna Carta liegt darin, dass in ihr erstmals die Kontrolle der Königsmacht bestätigt und das Recht auf Widerstand bei Missbrauch festgeschrieben wird. Sie ist damit Voraussetzung für die Einsetzung eines Parlaments. Die Magna Carta wird zudem als Vorläufer der amerikanischen Unabhängigkeitserklärung angesehen und als Grundlage für die französische Erklärung der Menschenrechte.

Melone

Keine andere Hutform überwand so viele Klassenschranken wie der Bowler Hat, im deutschsprachigen Raum als Melone bekannt. Einer der Gründe dafür mag sein, dass sie nicht an eine bestimmte Kleidung gebunden und darum sehr wandelbar ist. Ob Charlie Chaplin als Tramp oder Laurel und Hardy, ob Pan Tau oder die Gang in Stanley Kubricks „Uhrwerk Orange“, ob Winston Churchill oder Patrick Macnee, der mit Schirm, Charme und Melone die Bildschirme eroberte, sie alle trugen den ursprünglich für Reiter erfundenen Hut, der, gefertigt aus hartem, schwarzen Filz mit breiter Krempe, den Kopf vor tief hängenden Ästen schützen sollte.

Aristokraten trugen Zylinder, Leute aus dem Volk bloß eine Kappe. Nun gab es einen Hut, den alle tragen konnten. Die Melone wurde zur Uniform.

Auch die Mitglieder des englischen Königshauses, wie hier Prinz Charles, tragen zu passenden Gelegenheiten Melone.

Zuerst kreiert wurde die Melone für Sir William Coke, den zweiten Earl of Leicester, der 1850 eine passende Kopfbedeckung für seine Jagdaufseher suchte. Gefertigt wurde der darum auch „Coke“ genannte Hut bei Bowler Brothers in London. Wegen seiner Kugelform (engl. „bowl“) passte der Name besonders gut zu dem zuerst wegen seiner Strapazierfähigkeit begehrten Hut. In den USA nannte man ihn dagegen Derby, denn es wurde Mode, ihn bei Pferderennen zu tragen.

Vor dem Bowler markierten Hüte den gesellschaftlichen Rang ihrer Träger. Seit den 1960er Jahren ist es auch in England für Männer im Alltag nicht mehr üblich, Hut zu tragen. Nur selten sieht man noch den Geschäftsmann mit Regenschirm, Nelke im Knopfloch und Melone. Sie wandelte sich zu einem Requisit, das ihren Trägern einen konservativen Touch verleiht. Besonders im Film, wo sie als etwas dient, was sie nie war, als ein Statussymbol für Snobs.

Neben England existiert noch ein weiteres Reservat für Melonen-Träger oder besser Trägerinnen: Seit den 1920er Jahren ist die typisch englische Kopfbedeckung bei Indio-Frauen Boliviens und Perus äußerst beliebt.

Mince Pie

Es ist nicht, was es scheint. Auch wenn es sich um eine kulinarische Anomalie oder sagen wir besser Besonderheit handelt, ist der Mince Pie keinesfalls eine Pastete, die mit Minze gefüllt wird. Das englische Wort für dieses Kraut lautet vielmehr „mint". Doch auch wer des Englischen mächtig ist, wird mit dem Namen dieser englischen Spezialität auf den Holzweg geführt. Denn die Füllung dieser aus Mürbe- oder Blätterteig hergestellten Teigware besteht auch nicht aus „minced meat", also Hackfleisch. Nein, der Mince Pie ist vielmehr süß und mit „mincemeat" gefüllt. Ursprünglich war dies eine Mischung aus kleingehacktem (to mince = klein hacken) Fleisch, Leber und Nierenfett, dazu kamen später noch getrocknete Früchte. Seit dem 19. Jh. verzichtete man auf das Fleisch, behielt den Namen aber bei und füllte das Gebäck seitdem mit einer Mischung aus zerkleinerten Früchten, vor allem Korinthen, Rosinen und Sultaninen sowie Nüssen, Mandeln, braunem Zucker, Zitronat, Orangeat, gekochten Äpfeln, Himbeerkonfitüre, Rum oder Cognac und Gewürzen (Zimt, Muskat, Nelken, Ingwer). Vom ursprünglichen Rezept blieb nur das Nierenfett und auch das ist längst kein Muss mehr. Die kleinen Küchelchen, sie erreichen kaum Tassengröße, werden besonders gerne in der Zeit zwischen Weihnachten und Neujahr verzehrt.

Da Mince Pies eine Leibspeise des Weihnachtsmanns sind, stellt man ihm ein oder zwei davon zusammen mit einem Glas Brandy, Sherry oder Milch an den Kamin.

Pies gibt es nur mit einem Teigdeckel versehen, komplett von Teig umschlossen und gefüllt – bei dieser Variante wird eine Form mit Teig ausgekleidet, die Füllung dann darauf verteilt. Fast alles lässt sich auf diese Weise essen, ob Fleisch, Fisch, Wild oder Geflügel. Meist warm genossen gelten sie als typisches Mittagsgericht in Pubs. Kalt oder warm serviert erfreuen sich auch süße Pies großer Beliebtheit. Unserem gedeckten Apfelkuchen entspricht der Apple Pie, der gerne mit Vanillesoße gegessen wird.

Traditionelle englische Weihnachtspasteten: Mince Pies.

Monty Python

... And Now For Something Completely Different ...

Der englische Humor ist berüchtigt, nicht selten subversiv und manchmal sogar gefährlich. Zahlreiche Schrullen werden Engländern zugeschrieben, die Kunst über sich selbst zu lachen ist ihnen genauso zu eigen wie das Vermögen, sich selbst als verrückter darzustellen als jedes andere Volk der Erde. Eines der herausragendsten Beispiele ihres hintergründigen Humors bot die Comedy-Serie Monty Python's Flying Circus – ein Fantasiename –, deren erste Folge 1969 von der BBC ausgestrahlt wurde. Die Kombination absurder Sketche mit gesungenen Parodien und skurrilen Zeichentricksequenzen stellte alles in den Schatten, was das Fernsehen bis dahin gewagt hatte. Die daran beteiligten fünf jungen Engländer John Cleese, Graham Chapman und Eric Idle, die in Cambridge, Michael Palin und Terry Jones, die in Oxford studiert hatten, waren bereits vorher für verschiedene TV-Shows tätig gewesen. Der Amerikaner Terry Gilliam, der sein Geld als Zeichner verdiente, schloss sich ihnen an. Sie alle hatten den Anspruch, etwas Neuartiges zu schaffen, als sie damit beauftragt wurden, eine 13-teilige Comedy-Serie zu produzieren. Autoritäten wurden mit Hingabe demontiert, Pointen am Ende absurder Szenen einfach weggelassen, selbst vor Tabuthemen schreckte man nicht zurück. Die Kritiken waren gut, es schauten nicht nur „Leute mit Schlafstörungen, Intellektuelle und arbeitslose Einbrecher" zu, wie Michael Palin es befürchtet hatte. Weitere 32 Folgen entstanden bis 1974, ein erster Film, „Monty Python's wunderbare Welt der Schwerkraft", bereits 1971. Weitere Filmprojekte folgten, am erfolgreichsten wurde „Das Leben des Brian" von 1979. Zu dieser Zeit verfolgten alle Monty Pythons, denen man einen ebenso großen Einfluss auf die Comedy bescheinigte wie den der Beatles auf die Musik, bereits eigene Solokarrieren. Nach ihrem letzten Film 1983 traten sie nur noch zu besonderen Gelegenheiten wieder gemeinsam auf.

Das Wort „Spam" für Massenmails im Internet leitet sich aus einem der Sketche von Monty Python ab: Eric Idle, Graham Chapman (verdeckt), Michael Palin, John Cleese, Terry Jones und Terry Gilliam.

Mrs Beeton's Book of Household Management

Mrs Beeton legte großen Wert auf die Präsentation der Mahlzeiten. Seite mit Gerichten zum Abendessen aus einer Ausgabe von 1888.

Fast jeder kennt es, viele besitzen es, keiner hat es wirklich gelesen, es ist die Bibel unter den englischen Kochbüchern, Mrs Beeton's Book of Household Management. Seit 150 Jahren hielt sich der Glaube, Isabella Beeton sei eine Kunstfigur oder zumindest eine wohlgenährte, 55-jährige viktorianische Matrone, die einen großen Haushalt führt. Doch sie war nichts von beidem. Mrs Beeton war eine einfallsreiche Journalistin und mit dem Verleger ihrer Bücher verheiratet. Ihre Kochkünste waren eher mäßig. Trotzdem war ihr Ansatz genial: Sie war die erste, die vor dem Rezept die Zutaten auflistete und an dessen Ende generell die Garzeiten angab. Ihr Buch enthielt, übersichtlich in 44 Kapitel gegliedert, neben 900 Rezepten über 1800 weitere Hinweise von der Haushaltsführung bis zur Kindererziehung. Sie ging dabei enzyklopädisch vor, ein Rezept konnte schon einmal mit „Zuerst erlegen Sie den Hasen" beginnen, es folgten jedoch historische, kulturelle, religiöse und wissenschaftliche Hintergrundinformationen, die zum Teil auf eigenem Wissen beruhten, zum Teil aber auch wortwörtlich aus anderen Büchern abgeschrieben waren.

Mrs Beeton übernahm einfach Rezepte aus älteren Werken. Dabei konnte es auch schon einmal passieren, dass sie wichtige Zutaten vergaß.

Zielgruppe waren die Angehörigen des oberen Mittelstandes, der Gesellschaftsschicht, der auch sie selbst angehörte. Da ihr Buch, das aus Einzelbeiträgen für eine Zeitschrift ihres Mannes zusammengestellt wurde, zudem sehr ansprechend gestaltet und für 1112 Seiten Umfang erschwinglich war, hatte es großen Erfolg. Es erschien 1861. Schon 1868 wurden 2 Millionen Exemplare davon verkauft. Da war sie bereits tot, verstorben am Kindbettfieber, gerade 28 Jahre alt. Heute gilt der Name der Kochikone als Synonym für eine tüchtige Hausfrau. Er wirkt verkaufsfördernd auf allerlei Ratgeberliteratur rund um Küche und Haushalt, selbst Lebensmittel werden mit ihm beworben.

Roast Fowl.
Pheasant.
Game Pie with Jelly.
Shrimp Patties.
Oyster Patties.
Lobster Salad.
Savoury Jelly a la Bellevue.
Brawn.
Pigeon Pie.
Galantine of Veal.
Russian Salad.
Crayfish.
Ham Garnished.
Tongue Garnished.

Isaac Newton

Sir Isaac war ein eigenwilliger und komplizierter Mensch.

Als Kind fiel er nicht besonders auf. Wenige Monate nach dem Tod Galileis 1643 in Woolsthorpe-by-Colsterworth, einem kleinen Dorf in Lincolnshire, geboren, wuchs er bei seiner Großmutter auf. Er sollte das väterliche Gut übernehmen, doch schien er nicht dafür geeignet. Der Rektor seiner Schule plädierte dafür, ihn studieren zu lassen, war er doch sein bester Schüler. Er schrieb sich in Cambridge ein und machte dort 1665 seinen Abschluss als Bachelor of Arts. Als Folge der Großen Pest in London schloss die Universität kurze Zeit danach und er musste nach Woolsthorpe zurückkehren, wo er in den nächsten zwei Jahren seine drei wegweisenden Entdeckungen machte: die Infinitesimalrechnung, die Natur des Lichts und die Gravitationstheorie. Wieder in Cambridge wurde er Fellow und 1669 Inhaber des Lehrstuhls für Mathematik. Als Fellow war er verpflichtet, zölibatär zu leben, was er vermutlich bis ans Lebensende beibehielt. Von 1670 bis 1672 lehrte er Optik und baute ein Spiegelteleskop, das er der Royal Society, der Akademie für Wissenschaften, vorführte. Ihr vertraute er auch seine erste wissenschaftliche Veröffentlichung über die Natur des Lichts an. Ein noch größerer Wurf gelang ihm 1687 mit seinem auf lateinisch verfassten Buch über die Schwerkraft, mit dem er das Fundament der modernen Physik legte. Ausgehend von dem berühmten Apfel, der ihm angeblich auf den Kopf gefallen sein soll, fragte er sich, warum dieser senkrecht hinabstürze, der Mond aber am Himmel stehen bleibe. Er erkannte, dass sich alle Körper, proportional zu ihrer Masse, gegenseitig anziehen, erklärte Ebbe und Flut und bewies, dass die Gravitationstheorie im ganzen Weltall gültig ist. 1705 geadelt, war er zeitweise von Depressionen befallen, die wissenschaftliches Arbeiten unmöglich machten. Er beschäftigte sich auch intensiv mit Alchemie und Mystizismus. 1727 starb er als langjähriger Präsident der Royal Society in Kensington.

Das Geburtshaus Isaac Newtons, hier sein Geburtszimmer, ist heute Museum.

PHILOSOPHIÆ
NATURALIS
PRINCIPIA
MATHEMATICA

Oxbridge

Blick vom Fluss Cam auf Clare College und die Kapelle des King's College in Cambridge.

Oxbridge, dieses Kunstwort ist eine Zusammensetzung aus den Namen der zwei ältesten und berühmtesten Universitäten Englands, Oxford und Cambridge. Von 53 Premierministern studierten hier 40, ebenso wie 27 Prozent der Mitglieder des Unterhauses und 42 Prozent des Oberhauses.

Bereits im späten 11. Jh. begann der Lehrbetrieb in Oxford, 1209 wurde die Universität im etwa 100 km entfernten Cambridge gegründet. Schon bald etablierte sich das Collegesystem. Heute gehört jeder Dozent und Student außer einer Fakultät auch einem von über 70 dieser selbst verwalteten Körperschaften an, die sich teilweise aus Stiftungen finanzieren, die bis ins Mittelalter zurückreichen. Sie nehmen große Bereiche der Zentren beider Städte ein. In ihnen befinden sich Wohnräume für Dozenten und Studenten sowie Mensen und Bibliotheken. Die Colleges verfügen zudem über eigene Freizeiteinrichtungen und Sportvereine, aus denen sich auch die Mitglieder der Bootsmannschaften beider Universitäten rekrutieren, die seit 1829 jährlich auf der Themse um die Wette fahren.

Bei allem Konservatismus sind die Zeiten, an denen Oxbridge reine Männerangelegenheit war, vorbei. Das Beharrungsvermögen war jedoch groß. Seit 1874 dürfen Dozenten heiraten, seit 1920 können Frauen einen Abschluss erwerben, 1939 erhielt die erste Frau einen Lehrstuhl. Das letzte der ehemals nur Männern vorbehaltene Colleges wurde 1988 auch für das andere Geschlecht geöffnet.

Alleine Trinity College in Cambridge brachte 31 Nobelpreisträger hervor, ganz Frankreich dagegen 47.

Oxford und Cambridge sind außer für ihre Exzellenz auch für ihre Exzentrik berühmt. Zu den herausragenden Beispielen gehört ein Ritual im absoluten Elite-College „All Souls" in Oxford, bei dem eine Holzente über den Hof gejagt wird. Es findet alle 100 Jahre statt, das nächste Mal 2101.

Oxford English Dictionary

Man braucht viel Zeit, sehr viel Zeit, sollte man auf die Idee kommen, das Oxford English Dictionary (dt. „Oxfords Englisches Wörterbuch", OED) Korrektur lesen zu wollen. Das kann sogar ganz amüsant sein, denn es handelt sich dabei nicht um ein Buch in der Art des Duden, sondern hat vieles mit dem deutschen Wörterbuch der Brüder Grimm gemein, das zwar früher begonnen, jedoch erst später abgeschlossen wurde. Wie dort geht es beim OED darum, die Bedeutungsgeschichte der Wörter anhand zahlreicher datierter Textstellen aus Literatur und Presse nachzuweisen. Eine gigantische Aufgabe, die 1928 mit der Herausgabe des 12-bändigen Werks, das 414 825 Stichwörter enthielt, zu einem vorläufigen Abschluss kam. Vorläufig, denn schon fünf Jahre später musste ein erster Ergänzungsband erscheinen.

Etwa 60 Jahre sollte man schon veranschlagen, um das bei Oxford University Press erschienene größte Wörterbuch der Welt von vorn bis hinten durchzulesen.

Um das Projekt zu finanzieren, erschien das Wörterbuch seit 1884 in zahlreichen Einzellieferungen.

„Ein harmloses Arbeitstier, das sich damit befasst, der Herkunft von Wörtern nachzuspüren und ihre Bedeutung zu beschreiben", so definierte Samuel Johnson, der Autor des Vorläufers des OED, die Arbeit eines Lexikografen und damit sich selbst. Auch auf James Murray, den englischen Konrad Duden, der das Projekt eines „Neuen Englischen Wörterbuchs" in den 1870er Jahren übernahm, traf dies zu. Er wurde mit Millionen von Zetteln konfrontiert, die freiwillige Helfer eingeschickt hatten. Auf ihnen waren charakteristische Belegstellen vermerkt. Ein Verfahren, das so ähnlich noch heute angewandt wird, allerdings inzwischen auf elektronischem Weg. Auch neue Wörter können so Eingang ins OED finden, in den letzten Jahren wurden zum Beispiel aus dem Deutschen „Meisterwerk" und „Mitbestimmung" übernommen. Sie erschienen jedoch nicht mehr auf Papier, sondern in der Online-Ausgabe, die, vierteljährlich aktualisiert, auf den 21 728 Seiten der letzten Druckausgabe von 1989 basiert.

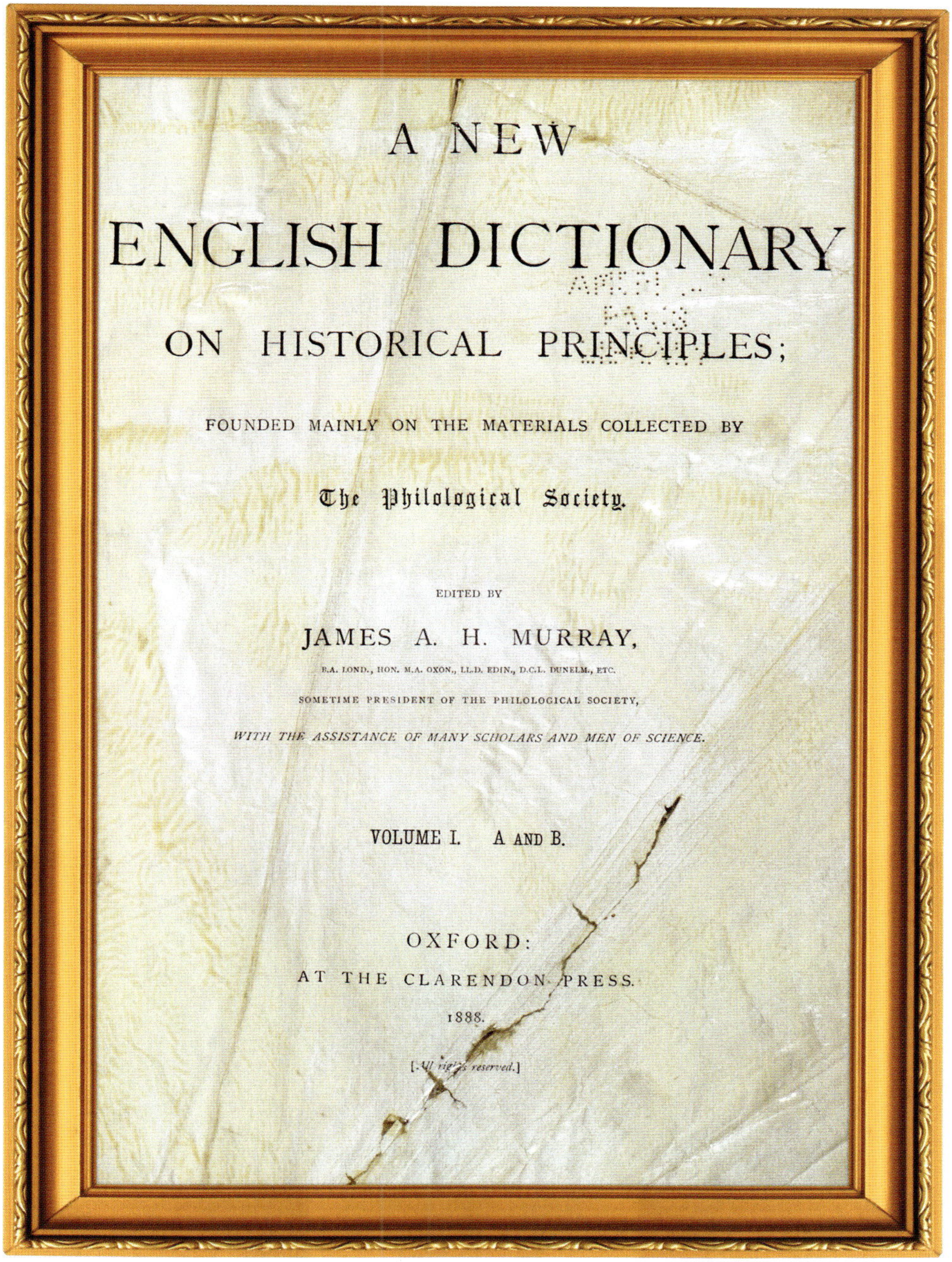
A NEW

ENGLISH DICTIONARY

ON HISTORICAL PRINCIPLES;

FOUNDED MAINLY ON THE MATERIALS COLLECTED BY

The Philological Society.

EDITED BY

JAMES A. H. MURRAY,

B.A. LOND., HON. M.A. OXON., LL.D. EDIN., D.C.L. DUNELM., ETC.

SOMETIME PRESIDENT OF THE PHILOLOGICAL SOCIETY,

WITH THE ASSISTANCE OF MANY SCHOLARS AND MEN OF SCIENCE.

VOLUME I. A AND B.

OXFORD:

AT THE CLARENDON PRESS.

1888.

[*All rights reserved.*]

Pfund Sterling

Das Pfund Sterling ist die älteste noch in Umlauf befindliche Währungseinheit der Welt. Vielleicht geht es zurück bis zu den Angelsachsen. Vermutet wird, dass das Sterling damals eine kleine, aus Silber geprägte Münze war, von denen jeweils 240 ein Pfund wogen. Transaktionen von großem Wert wurden daher in einer bestimmten Anzahl Pfund Sterling getätigt. Eine andere Erklärung setzt bei den Normannen ein, die den Sterling, eine kleine Silbermünze mit eingeprägten Sternen, nach ihrer Eroberung Englands benutzt haben sollen. Das Währungssymbol, ein „L" in Frakturschrift mit einem Querbalken, leitet sich von dem römischen Pfund, „libra", ab. Die gängigen, 2008 zuletzt neu gestalteten Münzen im Wert von 1, 2, 5, 10, 20 und 50 Pence bzw. über 1 und 2 Pfund zeigen alle Königin Elizabeth II., ebenso die 5-, 10-, 20- und 50-Pfund-Noten.

Eine Herausforderung für jeden Kopfrechner in Zeiten, als es noch keine Taschenrechner gab.

Ein Pfund besteht aus 100 Pence. Das scheint selbstverständlich, war aber nicht immer so. Erst das Dezimalisierungsgesetz von 1965 bestimmte, dass ab dem 15. Februar 1971 Banken, Behörden und Postämter dazu übergehen sollten, das Pfund Sterling nicht mehr zu 20 Shilling von je 12 Pence zu rechnen. Ganze Kataloge mit Umrechnungstabellen erschienen. Eine Übergangszeit, die achtzehn Monate dauerte, ermöglichte ein Nebeneinander von beiden Systemen. Mit dem Duodezimalsystem verschwanden liebgewonnene Geldstücke wie die halbe Krone, die besonders oft in Englands Klingelbeuteln landete – sie wurde durch das 10-Pence-Stück ersetzt, das zum Entsetzen der Geistlichkeit einen um 20 Prozent geringeren Wert aufwies. Auch liebgewonnene Gewohnheiten wurden auf dem Altar des Dezimalsystems geopfert. So auch die Preisangabe in Guinees, die es als Goldstückeinheit längst nicht mehr gab. Umgerechnet war sie ein Pfund und einen Shilling wert, 21 Shilling also insgesamt.

Der Farthing, die kleinste Münze mit einem Wert von einem Viertel Penny, verschwand bereits 1960.

Pub

„Last orders, please!“

Laut Statistik vergeht keine Woche, in der ein erwachsener Engländer nicht den Pub an der Ecke besucht. Es gibt sie, vornehmlich in der Nähe von touristischen Punkten, mit der Atmosphäre einer Bahnhofswirtschaft oder als „local“ in Wohngebieten, oft hässlich möbliert mit Billardtisch, Dartscheibe und Jukebox. Traditionelle Pubs mit glänzenden Messingbeschlägen und glitzernden Spiegeln, mit Holztäfelung und Sägespänen auf dem Boden findet man ebenso wie Themenpubs, die sich nach einem bestimmten Motto wie Fußball oder Rennfahren ausrichten. Ihre Namen gehen oft auf alte heraldische Zeichen zurück.

In England ist es üblich, direkt nach Feierabend mit Kollegen in einen Pub zu gehen.

Pub bedeutet „public house“ – öffentliches Haus. Trotzdem verbannte man in viktorianischer Zeit, als Trinken als Sünde galt, den geselligen Genuss des Alkohols hinter Milchglas- oder Butzenscheiben, auch Samtvorhänge schützten vor neugierigen Blicken. Wie allem, was verboten ist, verhalf diese puritanische Einstellung auch den Pubs, von denen einige schon Jahrhunderte alt sind, zu einem Boom.

Als Gast sollte man einige Regeln kennen, die einen Pub-Besuch erleichtern. Das Bier wird in Half Pints und Pints ausgeschenkt, ungefähr ein Viertel- bzw. ein halber Liter. Es gibt keine Bedienung am Tisch, man holt sich die Getränke an der Theke und zahlt sofort. Die Rechnung für das Essen, falls es welches gibt, wird bei der Bestellung beglichen, es wird jedoch an den Tisch gebracht. Üblicherweise zahlt in einer Gesellschaft nicht jeder einzeln, sondern alle Getränke einer Runde. Auch wenn es Sessel oder Sofas geben sollte, der Engländer steht am liebsten, gerne auch auf der Straße vor dem Pub. Die Öffnungszeiten sind seit einigen Jahren freigegeben. Früher waren sie streng begrenzt, um 23 Uhr war Schluss. Um den Gästen aber noch die Möglichkeit zu einer Bestellung zu geben, ertönte traditionellerweise zuvor noch der Ruf des Wirts: „Last orders, please!“

HAPPY
HOUR
CHAMPAGNE
ORDER FOOD HERE
CURB SERVICE
SNOW FLOUR
Spur

Robin Hood

Ein so edler Rebell, der die Reichen bestiehlt und seine Beute mit den Armen teilt, darf nicht der puren Fantasie entspringen.

Mehr als 30 Filme können nicht irren: Robin Hood muss existiert haben. Ein Mann wie aus dem Bilderbuch, als Robin von Locksley selbst der Oberschicht entstammend, Oberhaupt einer Bande von vogelfreien Gesellen mit sozialer Ader und einem Schuss Romantik, in Liebe zu Lady Marian, einem Mündel des Königs entbrannt, frei wie ein Adler, dem Sheriff von Nottingham, Statthalter der königlichen Macht, in gerechter Feindschaft verbunden. Laut Überlieferung soll er im Sherwood Forest, einem dichten Laubwald, gelebt haben. Seine Beute machte er, indem er reiche Kaufleute und Männer der Kirche überfiel. Er ernährte sich vom Wild des Waldes, war ein Meister in der Verwendung von Pfeil und Bogen.

Vielleicht die bedeutendste Verfilmung des Stoffes: „Die Abenteuer des Robin Hood" (1938) mit Errol Flynn und Olivia de Havilland in den Hauptrollen.

Soweit die Legende. Sie hat einen historischen Hintergrund. Die normannischen Eroberer Englands untersagten die traditionelle Nutzung weiter Landstriche. Deren Bewohnern wurde es untersagt, sich in den Wäldern zu bedienen, wie sie es bisher gewohnt waren. Dort hatten sie nicht nur das Holz als Brenn- und Baustoff, sondern auch Wild, Honig und Eicheln für das Vieh gefunden. Nun wollten die hohen Herrschaften sie zur Jagd nutzen. Das Volk murrte, doch die feudalen Herren hielten die Zügel in der Hand. Da träumte so mancher von einem Rächer der Enterbten, einem Beschützer von Witwen und Waisen, von einem Helden, der mit anderen fröhlichen Gesellen denen da oben Paroli bietet. Die Legende reicht ins Mittelalter zurück. Erste Hinweise stammen aus der Mitte des 13. Jh. Mit der Erfindung des Buchdrucks erschienen erste Balladen über den edlen Vogelfreien, bis zum Ende des 17. Jh. waren es schon 40. Ob er eine historische Person war, ist umstritten. Mehrfache Eintragungen in Protokollen des 13. Jh. weisen auf einen flüchtigen Robert Hod hin und auch ein Grab ist überliefert. Doch es stammt aus dem 16. Jh. – da müsste er schon längst zu Staub zerfallen sein.

The Adventures of
ROBIN HOOD
A · FIRST · NATIONAL · PICTURE

Rolls-Royce

Das luxuriöseste Serienfahrzeug der Welt ist das Ergebnis einer Partnerschaft zwischen zwei Engländern, Charles Rolls (1877–1910) und Henry Royce (1863–1933). Ihr Ziel war es, das beste Auto der Welt zu bauen: Das Ergebnis war der Silver Ghost, ein Modell, das seinen Namen zurecht trägt, denn es brauste fast lautlos wie ein Geist durch die Straßen.

Beide lernten sich 1904 kennen. Royce, von Beruf Mechaniker, damals Besitzer einer Firma für elektrische Haushaltsgeräte und Kräne, war fasziniert von Autos, Rolls, Kaufmann und Sohn eines walisischen Lords, willigte ein, diese über seinen Fahrzeughandel an den Mann zu bringen. Nur zwei Jahre danach gründeten sie ihr gemeinsames Unternehmen und entwickelten den Silver Ghost, der ihnen die gewünschte Reputation einbrachte und bis 1925 8000-mal verkauft wurde. Seit 1911 trug er als Kühlerfigur den „Spirit of Ecstasy", eine Frauengestalt, für die dem Bildhauer Charles Sykes die Geliebte des Automobilpioniers Lord Douglas-Scott-Montagu, Eleanor Thornton, Modell stand.

In rostfreiem Stahl, Silber oder Gold ziert die „Spirit of Ecstasy", inzwischen per Knopfdruck versenkbar, noch heute jeden Rolls-Royce.

Schon 1915, während des Ersten Weltkriegs, etablierte Rolls-Royce als zweites Geschäftsfeld die Herstellung von Flugzeugmotoren. Charles Rolls war zu diesem Zeitpunkt bereits tot, er war 1910 im Alter von nur 32 Jahren als erster Engländer überhaupt bei einem Flugzeugabsturz ums Leben gekommen. 1931 gelang es dem Unternehmen, Bentley, ebenfalls ein Hersteller von Luxuskarossen, zu übernehmen. Finanzielle Schwierigkeiten führten 1973 zu einer Aufspaltung in den Flugzeugmotorenhersteller Rolls-Royce plc und den Fahrzeugbauer Rolls-Royce Motors. Dieses Unternehmen, das, ansässig im südenglischen Goodwood, heute als Spitzenmodell den Phantom baut, gehört seit 1998 zu BMW. Die Marke Bentley, Lieferant der englischen Königin, wurde zum selben Zeitpunkt an Volkswagen verkauft.

Der „Spirit of Ecstasy“ auf dem Kühler eines Rolls-Royce über dem Firmenlogo. Bis zum Tod von Henry Royce, 1933, wurden die Buchstaben in roter Farbe geschrieben.

Rote Telefonzellen

Rot als Signal: Hier kann man telefonieren!

Es gibt sie kaum noch. Dabei gehören sie zu den beliebtesten Wahrzeichen Englands: die roten Telefonzellen. In Zeiten des Handys und des privatisierten ehemaligen Telefonmonopols ist kein Platz mehr für die lieb gewordenen Klassiker. Nur noch 1200 von ihnen sind auf Englands Straßen und Plätzen zu finden.

Seit 1920 stellte die Britische Post überall im Lande Telefonkioske („K1“) aus cremefarben gestrichenem Beton, deren verglaste Seiten bereits mit roten Längs- und Querstäben unterteilt waren, auf. Die Londoner wollten sie jedoch in ihrer Stadt nicht haben. Ein neuer Entwurf musste her, den man mithilfe eines Wettbewerbs zu finden suchte. Die Royal Fine Art Commission entschied sich 1924 für den Entwurf von Sir Giles Gilbert Scott, dem Architekten der Liverpooler Kathedrale und des Kohlekraftwerks in Battersea, London. Sein K2 genanntes Modell wurde, mit einigen Veränderungen, zum Klassiker. Hatte Scott vorgeschlagen, sie außen silber zu streichen und das Innere grün-blau zu halten, wurden sie komplett in Rot angelegt. Aus einem quadratischen Sockel steigen drei verglaste und eine solide Seitenwand empor. Bekrönt werden sie von je einem Rundbogengiebel mit der Aufschrift „Telephone“ und einer Krone. Das Dach bildet eine flache Kuppel. 1935, aus Anlass des silbernen Thronjubiläums Georg V., entschloss sich die Post, eine Weiterentwicklung der K2-Zelle im ganzen Land aufzustellen. K6, so die Bezeichnung des Modells, war etwas kleiner, die Sprossen der verglasten Seiten anders angeordnet.

Über 40 Jahre lang wurden über 65 000 dieser einprägsamen Meisterwerke aus Gusseisen und Teakholz aufgestellt, bis 1968 ein neues Modell eingeführt und ab 1985 die meisten alten Telefonzellen ersetzt wurden. Sie wanderten nicht auf den Müll, sondern wurden an Liebhaber in aller Welt verkauft.

Besonders gern werden sie heute als Duschkabine genutzt.

TELEPHONE
TELEPHONE
TELEPHONE
TELEPHONE
TELEPHONE
TELEPHONE
TELEPHONE

Routemaster

„Ding ding“ – jeder Londoner wusste, was damit gemeint ist. Es war das Signal für den Fahrer von Londons Doppeldecker-Bus, den Routemaster. Es kam vom Schaffner, der signalisierte: Alle eingestiegen, es kann weitergehen. 1954 wurden die ersten der 8,40 m langen, hinten offenen Busse gebaut. Ihr Verfallsdatum war auf 17 Jahre festgesetzt. Schließlich taten sie über 50 Jahre treu ihren Dienst. Galten die Routemaster bereits in den 1960er Jahren als altmodisch, wurden sie in den 1980er Jahren wiederentdeckt. Wo gibt es das sonst schon, Verkehrsmittel, auf die man jederzeit aufspringen kann; oder absteigen, wenn der Bus an einer Ampel hält, im Stau nicht vorwärts kommt oder man zwischen zwei Haltestellen der Liebe seines Lebens begegnet. Noch dazu schätzten die meisten Fahrgäste ihre Geschwindigkeit, denn da die in einer abgeschlossenen Kabine sitzenden Fahrer nicht selbst Tickets verkauften oder kontrollierten, waren sie regelmäßig an den Haltestellen schneller als die herkömmlichen Busse. Trotzdem verschwanden sie in den letzten Jahren von den Straßen der britischen Hauptstadt. Doch die Londoner wollten sich nicht ganz von den alten Kisten trennen, deren jüngste Exemplare aus dem Jahr 1968 stammen. Sie waren längst zu Aushängeschildern geworden in ihrer knallroten Lackierung, die man gegen die Vorschrift, die für den Innenstadtverkehr rot vorschreibt, bei 25 bzw. 50 Bussen in silber bzw. gold änderte, als die Queen ihr 25-jähriges bzw. 50-jähriges Thronjubiläum feierte. Aufgrund der Proteste nach dem Motto „Warum nicht gleich das Zifferblatt von Big Ben durch ein digitales ersetzen?“ entschlossen sich die Verantwortlichen, 30 Routemaster auf zwei Nostalgierouten durch die Innenstadt einzusetzen. Außer ihnen existieren von den ursprünglich gebauten 2876 Doppeldecker-Bussen noch etwa 1000.

Zu teuer und nicht behindertengerecht, argumentierte die Behörde für den öffentlichen Nahverkehr

Die Linie 159 war die letzte, die am 8. Dezember 2005 eingestellt wurde.

159
Brixton Kennington
Westminster Whitehall
Trafalgar Sq Oxford St
STREATHAM STATION
FAVOURITE SONGS
FAVOURITE JEANS
159
RML 2307
ARRIVA
CUV 307C

Rugby

Rugby, so heißt es, sei gleichzeitig die raueste und vornehmste Kontaktsportart.

Bei diesem Sport läge Sepp Herberger mit seinem legendären Ausspruch völlig daneben, denn beim Rugby ist der Ball nicht rund, sondern oval. Nicht der einzige Unterschied zwischen Fußball und Rugby, deren Wurzeln in England zu finden sind. An einem Tag im Jahre 1823 soll es, so besagt es der allerdings erst viel später entstandene Gründungsmythos, gewesen sein, als William Webb Ellis in einer mittelenglischen Kleinstadt mehr durch Zufall einen neuen Sport erfand. Der Name der Stadt: Rugby. Es passierte bei einem Fußballspiel. Die Regeln waren andere als heute und das Packen des Balles noch erlaubt. Doch was Ellis tat, war neu. Er behielt den Ball in seinen Händen und stürmte damit ins gegnerische Tor. Was hier noch dem Augenblick entsprang, wurde später, als sich die Rugby Football Union von der einige Jahre zuvor gegründeten Football Association abspaltete, zur Regel. Während es beim Fußball in Zukunft einzig erlaubt war, die Füße zu nutzen, wird Rugby auch mit den Händen gespielt.

Rugby ist die einzige Ballsportart, in der es England in den letzten Jahren gelang, Weltmeister zu werden. Immerhin in der weltweit führenden der beiden Varianten, dem von 15 Spielern je Mannschaft gespielten Rugby Union – beim Rugby League stehen zweimal 13 der schweren Jungs auf dem Feld. Ansonsten ähneln sich die Regeln. In zweimal 40 Minuten müssen die Mannschaften versuchen, mehr Punkte zu erzielen als der Gegner. Dies kann durch Versuche, das Ablegen eines Balles im gegnerischen Malfeld, oder verschiedene Arten von Kicks, das Treten des Balls über die H-förmigen Malstangen, erfolgen. William Webb Ellis blieb dem Sport übrigens nicht treu. Er studierte Theologie in Oxford und wurde Pfarrer. Die Verbreitung der Legende um seine Person erlebte er nicht mehr. Die Siegertrophäe der 1987 erstmals durchgeführten Rugby-Union-Weltmeisterschaft wurde nach ihm benannt.

Im Gegensatz zum American Football tragen die Spieler beim Rugby kaum einen Schutz, das Spiel ist flüssiger und der Ball läuft an den Enden nicht spitz zu.

Schlangestehen

Tennisfans bilden jedes Jahr lange Schlangen vor dem Eingang zum „All England Lawn Tennis Club" in Wimbledon.

„Was tun Sie, wenn sie in der Wüste eine Schlange sehen? – Anstehen!" Dieser Witz könnte eine englische Erfindung sein. Nirgendwo wird das Warten auf den Bus, auf den nächsten frei werdenden Schalter im Postamt oder auf ein Ticket für Wimbledon in solcher Perfektion zelebriert wie in England. Wenn man den Anthropologen Henrich und Boyd glauben darf, ist diese „freiwillige Interaktion mit gänzlich Fremden" die „höchste Form kooperativen Gruppenverhaltens" und unterscheidet damit den Menschen von der Tierwelt.

Richtiges Schlangestehen will gelernt sein. Der Abstand zum Vordermann muss sehr genau eingeschätzt werden. Man darf nicht zu dicht aufrücken, denn dann fühlt er sich in seiner Intimsphäre gestört und schaut sich um – ein schwerer Fehler. Lässt man aber zu viel Platz, wird der als nächstes Dazukommende unweigerlich fragen: „Are you in the queue?" (Stehst du in der Schlange?). Das klingt zwar höflich, bedeutet aber nichts anderes als: „Du bist wohl nicht von hier und weißt nicht mal, wie man sich anstellt!" Als Faustregel für den richtigen Abstand empfahl der Guardian einmal, man solle so viel Platz lassen, „wie beim Tanzen mit Großtante Hildegard".

Schlangestehen ist eine komplizierte Sache.

Man hat errechnet, dass Engländer etwa ein Jahr ihres Lebens in Schlangen stehen. Dazu zählt auch die Ein-Mann-Schlange. Ein Engländer, der zu einer Bushaltestelle kommt, an der noch keiner steht, wartet dort nicht einfach, sondern nimmt die sogenannte Schlangenkopf-Position ein. Kommt als nächstes ein Tourist hinzu, wird er mit den Worten belehrt: „This is a queue." (Dies ist eine Schlange). In der Schlange spricht man genauso wenig wie morgens in der U-Bahn. Blickkontakt ist zu vermeiden, für Berührungen hat man sich zu entschuldigen. Alles in allem eine sehr ernste Angelegenheit. Da mag es nicht wundern, dass die Schlange auf der Liste der Orte, an dem sich Menschen verlieben, auf einer der hinteren Plätze steht.

Toast

Scotland Yard

Detektive im Trenchcoat, eine Pfeife im Mund, unterwegs durch neblige Londoner Straßen – eine Vorstellung, die viele von Scotland Yard haben. Doch das einzige, was heute bei der Londoner Polizei noch von Nebelschwaden umgeben ist, ist die Frage, woher genau eigentlich ihr Name stammt, denn sie befindet sich weder in Schottland, noch in einem Hof.

Klar ist, dass es ihre ursprüngliche Adresse ist, die auf die Polizeikräfte überging. 1829 durch Englands Innenminister gegründet, belegte die neue Truppe ein Haus im Londoner Stadtteil Whitehall, dessen Rückseite sich zum „Großen Schottischen Hof", zum „Great Scotland Yard", hin öffnete. Warum er so hieß? Man kann es nicht mehr mit Sicherheit sagen. Vielleicht waren hier im Mittelalter die schottischen Könige abgestiegen, wenn sie ihre englischen Vettern besuchten. In der Folge eines Wettskandals, in den viele führende Köpfe des Yard verwickelt waren, wurde die Truppe Ende des 19. Jh. reorganisiert und eine Abteilung für Kriminalfälle, der CID, gegründet. Er machte sich schnell einen Namen, indem er neue Ermittlungsmethoden entwickelte. Ein Umzug wurde erforderlich, die Adresse lautete nun „New Scotland Yard" – ein Name, der auch beibehalten wurde, als 1967 das heutige, 20-stöckige Bürogebäude in der Nähe des Parlaments bezogen wurde.

Die Spezialeinheiten von New Scotland Yard werden nicht nur in London, sondern landesweit eingesetzt.

Mit der Kriminalität wuchsen die Aufgaben und mit diesen die Belegschaft

New Scotland Yard, berühmt durch die Kriminalromane von Arthur Conan Doyle (Sherlock Holmes) und Agatha Christie (Hercule Poirot), verewigt in Film und Fernsehen, ist heute für 1576 qkm zuständig, ganz London mit Ausnahme der City, des kleinsten und zentralsten Stadtteils. Die 30 000 Beamten des Metropolitain Police Service, so der korrekte Name, fungieren nicht nur als Kriminalpolizei, sondern übernehmen alle allgemeinen Polizeiaufgaben, regeln den Verkehr, patrouillieren durch die Straßen und schützen sensible Einrichtungen.

NEW
SCOTLAND
YARD

William Shakespeare

Kaum etwas ist erhalten, was vom Leben des bedeutendsten Dichters englischer Zunge zeugt. Nichts zweckfreies von eigener Hand, kein Brief, kein Manuskript – keine Zeile! Was geblieben ist, sind offizielle Vorgänge, die Taufnotiz von 1564, die Heiratslizenz von 1582, die Taufeinträge der Kinder Susanna, Hamnet und Judith, von ihm selber ein paar Pacht- und Immobilienverträge, Hypotheken. Es ist so wenig, dass sein Leben nach wie vor Rätsel aufgibt. Das Wichtigste: Ist jener in dem kleinen Marktflecken Stratford am Fluss Avon geborene Mann, ältester Sohn eines gut situierten Kaufmanns, tatsächlich der Autor all der Dramen, Sonette und Verserzählungen, die Shakespeare zugeschrieben werden?

In seinem Testament vermachte er seiner acht Jahre älteren Frau Anne sein „zweitbestes" Bett.

Er besuchte die Lateinschule, interessierte sich wahrscheinlich fürs Bogenschießen und die Jagd. Mit 18 heiratete er und verließ seine Heimat mit 22. Er schloss sich einer Theatergruppe an und ging mit ihr nach London, wo er erstmals 1592 sicher bezeugt ist. Bald schrieb er eigene Stücke, „Romeo und Julia", „König Lear", „Hamlet" und „Othello" sind nur vier von 37 Dramen, teils Komödien, teils Tragödien, fast alle stehen heute noch auf den Spielplänen. Als Mittdreißiger war er Mitglied und Teilhaber des erfolgreichsten Ensembles Londons, der Lord Chamberlain's Men und trat mit ihnen, wahrscheinlich in kleineren Rollen, im offenen hölzernen Rundbau des Globe Theater am südlichen Themseufer auf. Shakespeare genoss hohes Ansehen, die Kritiker waren begeistert. Er lebte sparsam, investierte seinen Verdienst in Grund und Immobilien und machte keine Anstalten, seine Frau nach London zu holen. Auch bei der Krone genoss er höchstes Ansehen, trat 175-mal vor dem König auf, der seiner Theatergruppe das Privileg erteilte, sich in „The King's Men" umzubenennen. Mit 46 Jahren kehrte er zurück nach Stratford und starb dort am 23. April 1616, an seinem 52. Geburtstag.

Das sogenannte Chandos-Portrait ist das einzige authentische Bildnis des berühmten Dichters.

Sherlock Holmes

„When you have excluded the impossible, whatever remains, however improbable, must be the truth.“

Dr. Joseph Bell war ein dunkelhaariger, hagerer Typ. Seine stechenden grauen Augen und seine Adlernase fielen auf. Einer seiner Assistenten an der Universität von Edinburgh war Arthur Conan Doyle (1859–1930), der Erfinder Sherlock Holmes'. Er griff auf die Physiognomie und Eigenschaften des von ihm verehrten Professors zurück, als er seine wohl berühmteste Romanfigur entwarf. Doch geht sie eindeutig über das reale Vorbild hinaus, das weder Violine spielte oder sich mit Kokain betäubte, wenn gerade kein Fall anstand, noch ein Meister der Verkleidung war.

Holmes gilt vielen Lesern weltweit als typisch englischer Charakter. Conan Doyle schildert ihn als rational und ruhig, ein bisschen arrogant, dazu imstande durchzublicken, sei es durch den damals noch häufigen Londoner Nebel, sei es durch Lug und Trug, mit denen er getäuscht werden soll. Bekleidet mit einer Jagdkappe und dem Inverness-Mantel, an dem statt Ärmel ein Überwurf angebracht ist, mit Pfeife und Lupe bewaffnet, löste er erstmals 1887 in dem Roman „Eine Studie in Scharlachrot" einen Fall. Drei weitere Romane und 56 Kurzgeschichten folgten bis 1927. Conan Doyle, der 1902 geadelt wurde, versuchte sich zwischenzeitlich seiner erfolgreichen Figur zu entledigen und ließ ihn 1893, gemeinsam mit seinem Hauptrivalen, Professor Moriarty, einem genialen Verbrecher, sterben. Doch der Druck seiner Leserschaft war zu groß und Holmes kehrte 1904 ins Leben zurück.

Ein Museum in Londons Baker Street 221 b informiert heute über den wohl berühmtesten Detektiv der Literaturgeschichte. Hier, in einer teuren Gegend, hat Holmes laut seinem Schöpfer gewohnt, hier hat er seinen Begleiter und Assistenten, den Arzt Dr. John H. Watson kennengelernt, als er einen Mitbewohner suchte. Watson, der in fast allen Geschichten als Ich-Erzähler fungiert, trägt die Züge Conan Doyles.

Peter Cushing als Sherlock Holmes in der Verfilmung von „Der Hund der Baskervilles“ aus dem Jahr 1958.

Stonehenge

Die Steinkreise von Stonehenge sind bis heute ein Rätsel. Zu welchem Zweck wurden sie von wem und wann errichtet? Die 13 km nordwestlich von Salisbury im Süden Englands liegende geheimnisvolle Megalithanlage erhielt ihren Namen von den Sachsen. Die „hängenden Steine" sind das bedeutendste Relikt der Jungsteinzeit und wurden bis zur Bronzezeit genutzt, älteste Spuren verweisen sogar bis ins 8. Jt. v. Chr.

Es spricht vieles dafür, dass es sich bei Stonehenge um eine zentrale Versammlungs-, Kult- und Begräbnisstätte handelte.

Die Entstehung der Anlage zog sich über fast 1500 Jahre hin, in denen verschiedene Kreise angelegt, aber auch wieder verworfen wurden. Bei der Aufgabe der Stätte um 1600 v. Chr. bestand sie aus einem äußeren Kreis von 30 über 4 m hohen Sandsteinblöcken – den Sarsen – mit aufgelegten Decksteinen. Sie umgaben einen Kreis aus 60 bis zu 2 m hohen Doleritsteinen, die wiederum ein Hufeisen umschlossen, das aus fünfmal je zwei bis zu 9 m hohen Sarsen mit je einem Querblock gebildet wurde und sich zum Eingang der Anlage hin öffnete. Ebenfalls hufeisenförmig standen vor diesen noch einmal 19 Doleriten und in der Mitte ein Altarstein. Das bis zu 50 t schwere Baumaterial transportierte man über weite Strecken wahrscheinlich per Schiff und Schlitten, die über Rundhölzer gezogen wurden. Die Aufstellung geschah vermutlich durch Kippen von einer Rampe in ein zuvor gegrabenes Fundament.

Stonehenge, das bedeutendste Relikt aus der Jungsteinzeit, ist seit 1986 Weltkulturerbe.

Die genaue astronomische Ausrichtung zwecks Bestimmung wichtiger Zeitpunkte für Aussaat und Ernte zeigt den hohen Entwicklungsgrad ihrer Erbauer, bei denen es sich keinesfalls um Druiden handelte. Auch noch die Reste der 110 m im Durchmesser messenden Anlage sind imposant, etwa ein Drittel der Steine stehen noch in Position. Zu ihrem Schutz ist ein Betreten seit langem nicht mehr gestattet, nur einmal im Jahr, wenn die Nachfahren der Druiden hier ihre Rituale zelebrieren, ist es möglich, sich der Magie des Ortes hinzugeben.

Tee

„It's tea time" – bis ins frühe 18. Jh. tranken selbst Kinder zum Frühstück Bier. Danach, mit der Kolonialisierung Indiens, begann in England die Zeit des Tees.

„Wenn du frierst, wird Tee dich wärmen, wenn du schwitzst, wird er dich kühlen. Wenn du bedrückt bist, wird er dich aufheitern, wenn du erregt bist, wird er dich beruhigen", fasste Premierminister William Gladstone im 19. Jh. die Vorteile des populären Genussmittels zusammen. Durchschnittlich etwas weniger als vier Tassen trinkt jeder Bewohner der Insel davon am Tag, noch in den 1960er Jahren waren es sechs. Jede Tageszeit hat ihre Teepause: der „morning tea", die Tasse vor dem Frühstück, der „high tea" oder „five o'clock tea" (Fünf-Uhr-Tee), ein kleiner warmer Imbiss mit Tee am Nachmittag und, vor dem Schlafengehen, der „night tea". Die eigentliche tea time, der etwa 1830 eingeführte „afternoon tea" (Nachmittags-Tee), der in der Kombination mit Teegebäck am ehesten der Zwischenmahlzeit entspricht, zu der im deutschsprachigen Raum Kaffee und Kuchen gereicht werden, wird um 16 Uhr eingeläutet und entweder zu Hause, auf Einladungen oder in tea rooms zelebriert. In Hotels kann man auch schon früher damit beginnen, denn hier werden außer verschiedenen Tees auch allerlei Köstlichkeiten gereicht, die man in Ruhe genießen sollte: Sandwiches mit Roastbeef, Huhn, Ei oder Gurkenscheiben, „scones", Brötchen, die man mit „clotted cream", einer Art extra dicker Sahne, und Marmelade bestreicht, und schließlich Plätzchen, Kekse und Kuchen.

Tee ist, obwohl sich das Kaffeetrinken auf dem Vormarsch befindet, noch immer das englische Nationalgetränk.

Im 18. Jh. entstand die Mode, den Tee in öffentlichen Teegärten einzunehmen. Da die Wege weit waren, waren die Gäste auf einen prompten Service angewiesen, um ihren Tee warm genießen zu können. Um ihn zu gewährleisten – „to insure promptness", kurz T.I.P. –, verfügte jeder Tisch über eine mit diesem Akronym beschriftete, hölzerne Dose, in die man, in Gegenwart des Personals, eine Münze einwarf. So kam das Trinkgeld, auf Englisch „tip", zu seinem Namen.

Themse

Die bekannteste Brücke über die Themse ist vermutlich die Tower Bridge in London, die hier gerade von der Britannia, der 1997 außer Dienst gestellten königlichen Yacht, passiert wird.

Von ihrer Quelle in den Cotswolds, in der Nähe des Ortes Kemble, bis zur Mündung in die Nordsee, in Essex, östlich von London, legt die Themse 346 km zurück. Getauft hatten ihn die Kelten, sein Name bedeutet „der Dunkle". Bereits Julius Cäsar erwähnte ihn als „Tamesis" – vielleicht der Grund, warum ihn die geschichtsbewussten Bewohner Oxfords, der ersten größeren Stadt, die er durchfließt, in ihrem Stadtgebiet noch immer „Isis" nennen. Auf ihrem weiteren Weg zum Meer passiert die Themse dann noch die Städte Reading, Eton und Windsor, wo das Themse-Tal beginnt, eine Region, die bis in die westlichen Gebiete von Englands Hauptstadt reicht. Auch für das Land beiderseits des letzten Stücks ihres Weges, einen etwa 60 km langen Abschnitt, der den Gezeiten unterworfen ist, stand sie Pate. Es ist als Themse-Gateway bekannt und reicht von den östlichen Stadtteilen Londons bis zur Mündung. Dieser Teil des Flusses hebt und senkt sich um 7 Meter. Gespeist wird die Themse von über 20 Nebenflüssen, etwa 80 Inseln ragen aus ihr hervor.

Noch in der letzten Eiszeit ein Nebenfluss des Rheins, wurde die Themse bereits in römischer Zeit als Energielieferant und Wasserreservoir genutzt, jedoch auch als günstige Möglichkeit zur Abfall- und Abwasserbeseitigung. Im 18. Jh. galt der Fluss als einer der verkehrsreichsten Wasserwege der Welt. Handelsgüter aus allen Teilen der Erde erreichten per Schiff die Hauptstadt des Empires, ein System von Kanälen sicherte ihre Versorgung mit Kohle und Industriegütern aus den Midlands. Mit der Entwicklung der Schienenwege nahm ihre wirtschaftliche Bedeutung ab, der fast schon tote Fluss, Ursache mehrerer Choleraepidemien, begann sich zu regenerieren und ist heute wieder Heimstatt zahlreicher Tierarten.

Der Fluss ist der längste Wasserweg Englands, ganze acht Kilometer kürzer als der längste Fluss Großbritanniens, der Severn.

The Times

Geht mit der Zeit: Seit dem 6. November 2004 erscheint die Times im handlichen Tabloid-Format.

Die Times ist Inbegriff des klassischen Zeitungswesens. Inhaltlich so präzise, dass Sherlock Holmes seine Analysemethoden an ihren Ausgaben trainierte und gesellschaftlich so bedeutend, dass sie als erstes Massenmedium ein politisches Gewicht erhielt. Als eine der ältesten noch immer existierenden Tageszeitungen blickt sie zurück auf ein grandioses Erbe.

Wenige Jahre vor der Französischen Revolution gründete John Walter eine neue Zeitung in London: „The Daily Universal Register" stand auf dem Titel des Blattes. Erstmals am 1. Januar 1785 informierte sie neutral und schnörkellos über gesellschaftliche Ereignisse, veröffentlichte Nachrichten aus Politik und Wirtschaft. Dies blieb so, auch als der Herausgeber sie 1788 in „The Times" umbenannte. Das Erscheinungsbild der Zeitung änderte sich erstmals, als 1806 eine Zeichnung von Admiral Nelsons Beerdigung gedruckt wurde, erst 1922 folgten Fotografien. Mit dem Einsatz der ersten Rollen-Druckmaschinen konnte die Auflage 1868 gravierend gesteigert werden. Bis 1966 blieb die Titelseite nahezu unverändert, auch die Entwicklung einer modernen Schrift, der „Times Roman", heute eine der meistverbreiteten der Welt, konnte nicht verhindern, dass sie nicht nur als gediegen, sondern als altbacken und langweilig galt, wenn auch ihre journalistische Qualität weiterhin gerühmt wurde. Gerade die meinungsbildenden Kommentare, bereits 1822 eingeführt, ließen die Zeitung zur vierten Macht im Staate werden. In der zweiten Hälfte des 20. Jh. begann ihr Einfluss zu schwinden, billige Massenblätter eroberten den Zeitungsmarkt. Krisengeschüttelt landete das Blatt 1981 im Zeitungsimperium von Rupert Murdoch. Das Blatt erscheint inzwischen in einer Auflage von 620 000 Exemplaren, vollfarbig im kleinen Tabloid-Format.

Schon Präsident Lincoln meinte, er kenne kaum etwas Mächtigeres als die Times, vielleicht mit Ausnahme des Mississippi.

THE ART OF CONFLICT
How Saatchi and Hirst fell out
Lisa Armstrong's speedy Christmas shopping guide
THE TIMES
Holly was dying in the bath while I killed Jessica, Huntley admits
Even the taxman can't stop Jonny smiling
'Charity muggers' face tough new curbs
Labour's new health quangos to be axed
DON'T MISS THE HOUSE OF FRASER
ONE DAY
SPECTACULAR
UP TO 25% OFF
8AM
HOUSE OF FRASER
When you wish upon a star
SPORT
Arsenal give it high fives
THE TIMES
'Charity muggers' face tough new curbs

Tower of London

In malerische Uniformen gekleidete Wärter, das älteste Gotteshaus Londons, der größte Diamant der Welt und acht Raben: All das gehört zum Tower.

Im 11. Jh. legte Wilhelm der Eroberer den Grundstein der fast 1000 Jahre alten Festung von London. Am Nordufer der Themse, an der Südostecke der römischen Stadtmauer erbaut, diente die heute zum Weltkulturerbe zählende Festung als Palast, Staatsgefängnis, Hinrichtungsstätte und Aufbewahrungsort der Kronjuwelen. Ältester Teil ist der 30 m hohe, aus weißem Stein errichtete und mit vier Ecktürmchen versehene White Tower. Ihn umgibt ein großer Hof, der von einer Festungsmauer aus dem 13. Jh. geschützt wird. Ihre 13 Türme dienten prominenten Persönlichkeiten als Gefängnis, darunter der späteren Königin Elisabeth I., dem Entdecker Sir Walter Raleigh oder zuletzt Rudolf Hess. Im Gegensatz zu den Königen Heinrich VI. (1471), Edward V. (1483) sowie Anne Boleyn (1536) und Catherine Howard (1542), beides Frauen Heinrichs VIII., die hier hingerichtet wurden, verließen sie ihr Gefängnis zu Fuß. Gekommen waren sie oft per Boot, denn durch das Verrätertor war der Tower direkt mit der Themse verbunden. Es ist Teil einer zweiten Mauer, die die erste in kleinem Abstand umgibt.

Seit dem Mittelalter kaum verändert: Der Tower of London mit dem Verrätertor.

38 Yeomen Warders, darunter ein Chief Warder und ein Yeoman Gaoler, ein Kerkermeister, bilden das Wachpersonal des Towers, darunter, erstmals seit 2007, eine Frau. Die Beefeaters („Rindfleischesser"), so ihr Spitzname, sind an ihren blau-roten Uniformen leicht zu erkennen. Ihre Aufgaben bestehen heute vor allem darin, den Millionen von Besuchern Auskünfte zu geben und sich um die Raben zu kümmern. Eine Legende besagt, dass der Tower und mit ihm das ganze Königreich untergehen würde, wenn dort einmal keine Raben mehr hausten. Schon Karl II. verfügte darum vor über 300 Jahren, dass immer sechs Raben auf dem Gelände gehalten werden sollten. Ihnen werden die Flügel gestutzt, damit sie nicht wegfliegen.

ENTRY TO THE TRAITORS GATE

Queen Victoria

Queen Victoria mit Tochter, Enkelin und Urenkelin Alice (geb. 1885), der Mutter von Prinz Philip, dem Herzog von Edinburgh. Eines der wenigen Fotos, auf dem die Königin lacht.

Das viktorianische Zeitalter, Ära des Wohlstands, Höhepunkt der Macht Englands, an dessen Ende jeder fünfte Mensch auf Erden unter britischer Herrschaft lebte, begann mit einem Fragezeichen, denn die Thronerbin, die bei ihrer Geburt nur auf Platz 5 der Thronfolge gestanden hatte, war noch jung. Sehr jung. Sie war erst 18 Jahre alt, behütet aufgewachsen, doch auf ihre Aufgabe vorbereitet. Sie galt als klug, hartnäckig und stur. Eigenschaften, die unabdingbar waren in einer von Männern dominierten Welt. Als konstitutionelle Monarchin hatte sie zwar keine politische Macht, doch war es ihre Aufgabe, dem schon damals riesigen britischen Imperium, das von Kanada bis Australien, von Indien bis Singapur reichte, ein Gesicht zu geben – große Teile Afrikas, Neuseeland, Ceylon, Malta und viele andere Territorien kamen während ihrer Regierungszeit noch dazu. Privat fand sie das große Glück, ihren Ehemann, Albert, ein Cousin aus dem deutschen Fürstentum Sachsen-Coburg-Gotha, den sie 1840 aus Liebe heiratete. Als er 1861 starb, war sie bereits Großmutter, neun Kindern hatte sie das Leben geschenkt. Sie zog sich zurück, trug nur noch schwarz, wurde die „Witwe von Windsor" und widmete sich ihrer immer größer werdenden Familie, hörte irgendwann auf, ihren über 40 Enkeln Geschenke zu machen. Eine besondere Zuneigung fasste sie zu ihrem persönlichen Diener John Brown, Spekulationen, sie habe ihn heimlich geheiratet, lassen sich nicht beweisen. Viktoria, durch die Gnade Gottes Königin von Großbritannien und Irland, Verteidigerin des Glaubens, Kaiserin von Indien, hauchte am 22. Januar 1901 ihr Leben aus, zutiefst beweint von ihrem Lieblingsenkel, Kaiser Wilhelm II., der in der Todesstunde bei ihr war. Mit über 63 Jahren währte ihre Regierungszeit länger als die jedes anderen englischen Monarchen.

Viktoria, nach dem Urteil ihrer Zeitgenossen mit Schönheit nicht gerade gesegnet, zu klein, zu dick, mit einem runden Kindergesicht, bestieg 1837 den Thron.

Wembley-Stadion

Zur Eröffnung 1923, damals noch als Empire-Stadion, pilgerten 200 000 Menschen, um das englische Pokalfinale zu sehen. Selbst das Spielfeld war überfüllt, denn das in nur 300 Tagen errichtete Stadion bot nur Platz für 100 000 Besucher. Ein Polizist musste mit seinem Schimmel erst Platz schaffen, bis der Anpfiff erfolgen konnte. Schon dieses erste als White-Horse-Finale berühmte Spiel machte den Zweckbau mit seinen weißen Zwillingstürmen an der Fassade zum Mythos. Aber auch der kommt mal in die Jahre, irgendwann entsprach das Stadion nicht mehr den Anforderungen an eine moderne Spielstätte. Ein Raunen ging durch die Fußballwelt, als es hieß, der Ort solle der Abrissbirne zum Opfer fallen. In 77 Jahren, bis zu dem Spiel der beiden Erzrivalen Deutschland und England, bei dem ausgerechnet ein Deutscher das letzte Tor auf dem geheiligten Rasen schoss, waren hier Olympische Spiele, musikalische Großereignisse, Windhundrennen und vor allem immer wieder denkwürdige Matches ausgetragen worden. „Wembley ist die Kirche des Fußballs. Es ist die Hauptstadt des Fußballs und das Herz des Fußballs", sagte der legendäre Pelé und dachte dabei vielleicht an den 1953 durch Ungarn erkämpften ersten Sieg einer ausländischen Nationalmannschaft gegen die bis dato zu Hause unbesiegbaren Engländer oder das „Wembley-Tor" im WM-Finale 1966. Alles Vergangenheit. In die Zukunft weist der neue Bau an alter Stelle, doppelt so groß wie der alte, viermal so hoch, das teuerste und eindrucksvollste Stadion der Welt. Erdacht von Sir Norman Foster, dem Pelé unter den Architekten, bietet es Platz für 90 000 Zuschauer. Markantestes Kennzeichen ist ein 133 Meter hoher Bogen, der den Bau überspannt. Eröffnet wurde es 2007, wieder mit einem Pokalfinale. Ein Schimmel musste dieses Mal nicht zum Einsatz kommen.

„Wenn England die Wiege des Fußballs ist, dann ist das Wembley-Stadion sein Mekka."

Der Volksmund nennt es „The Arch" (dt.: der Bogen), der Architekt „Tiara": Das neue Wembley-Stadion.

MULTIPLEX
WEMBLEY STADIUM

Westminster Abbey

Als Pfarrkirche der Nation hat man sie bezeichnet, die Westminster Abbey. Traditionell werden in ihr die Könige von England gekrönt und beigesetzt, sie gehört zwar zur Anglikanischen Kirche, ist aber keine Kathedrale und keiner Diözese zugehörig. Die Kollegiatkirche von St. Peter, so ihr offizieller Name, ist „königseigen", ein Status, den sonst nur noch die St.-Georgs-Kapelle im Schloss von Windsor hat.

Weder der Bischof von London, noch der Erzbischof von Canterbury haben hier Hausrecht.

An der Stelle des größten Sakralbaus von Großbritannien stand bereits im 8. Jh. eine Kirche, die wegen ihrer Lage zur Stadt den Namen West Minster („West Münster") erhielt. Edward der Bekenner ließ hier in der Mitte des 11. Jh. eine große Kirche erbauen, nach deren Weihe er starb. Mit seiner Bestattung am Hochaltar begann 1163 die Funktion von Westminster Abbey als Grablege der englischen Monarchen, 18 seiner Nachfolger fanden hier ihre letzte Ruhe, zuletzt Georg II. 1760. Später wurde es üblich, auch andere berühmte Briten, Politiker, Wissenschaftler und Künstler, an dieser weihevollen Stätte mit einem Grabmonument zu ehren. So findet man hier die Gräber von Charles Dickens, Isaac Newton und Georg Friedrich Händel ebenso wie die von Charles Darwin oder Laurence Olivier. Mit der Inthronisation Wilhelm des Eroberers 1066 begann die andere wichtige Tradition der Abbey, die der Krönungen: Bis auf zwei wurden alle englischen Herrscher an diesem Ort in ihr Amt eingeführt, zuletzt Elisabeth II. 1953.

Wenige Schritte vom Hauptportal der Westminster Abbey entfernt liegt im Mittelschiff das Grabmal des Unbekannten Soldaten.

Von der Kirche des Bekenners blieb fast nichts erhalten, das heutige Gotteshaus ist ein Werk der Gotik, an ihm wurde vom 13. bis zum 16. Jh. gearbeitet. Die Errichtung der Westfassade mit den beiden Türmen zog sich sogar noch bis ins späte 19. Jh. hin. Architektonisch am beeindruckendsten ist die Kapelle Heinrichs VII., die sich an die Apsis anschließt. Ihr filigranes Gewölbe im Stil der englischen Spätgotik galt zur Zeit ihrer Erbauung (Anfang 16. Jh.) als Weltwunder.

Wimbledon

Der Rasen, der die (Tennis-)Welt bedeutet, vor einhundert Jahren: Wimbledon anno 1911.

1877, Wimbledon, ein Stadtteil im Südwesten Londons. Der All England Lawn Tennis & Croquet Club hatte erstmals zu einem Turnier in einer noch relativ neuen Sportart, dem Rasentennis, eingeladen. 22 britische Gentlemen – Frauen und Ausländer waren noch nicht zugelassen – beteiligten sich an den Wettkämpfen im Einzel, der Sieger hieß Spencer Gore.

Das älteste Tennisturnier der Welt, umweht von einem Hauch von Tradition und Exklusivität, wird noch immer auf Rasen ausgetragen – als einziges der vier Turniere, die zum Grand Slam zählen. Großer Sport wird auf dem heiligen Rasen geboten, der nicht länger als 3/16 Inches lang sein darf. Jeweils 128 Teilnehmer nehmen an den Einzel-, je 64 Paare an den Doppel- und 48 Paare an den Mixed-Wettbewerben teil. Die Sieger erhalten seit 1968 neben einem Pokal (Herreneinzel) bzw. einem Ehrenteller (Dameneinzel) auch ein Preisgeld, das zuletzt ca. 1 Mio. Euro betrug.

Das Turnier von Wimbledon findet immer am Sommeranfang statt zur besten Erdbeerzeit, von denen dort, allein das schon Kult genug, etwa 23 000 kg, am liebsten mit Sahne, verzehrt werden. Dies ist nur eine von vielen Traditionen, die hier liebevoll gehegt und gepflegt werden. Aber nicht alle sind in Stein gemeißelt. Die Vorschrift, ganz in Weiß zu spielen, wurde auf 95 Prozent der Kleidung gelockert, die Verpflichtung für die Spieler, sich beim Betreten des Platzes zur königlichen Loge hin zu verbeugen auf den Fall reduziert, wenn die Queen oder der Kronprinz anwesend sind.

Gespielt wird zwei Wochen lang auf 19 Plätzen, der zweite Sonntag ist normalerweise – wenn das Wetter dem keinen Strich durch die Rechnung macht – spielfrei. Der Centre Court mit seinem neuen, variablen Dach, bietet 15 000 Zuschauern die Möglichkeit, die großen Matches zu verfolgen.

Spieler wie Fred Perry, 1936 der letzte englische Sieger, Martina Navratilova oder Boris Becker wurden hier zu Legenden.

Windsor

Nach dem Buckingham Palast in London ist Windsor Castle das Gebäude, das mit der Queen, Königin Elisabeth II., und ihrer Familie am meisten in Zusammenhang gebracht wird. Ihr Großvater, Georg V., borgte sich sogar dessen Namen für seine Familie, als es im Ersten Weltkrieg nicht mehr als opportun erschien, einen so deutsch klingenden Namen wie „Sachsen-Coburg-Gotha" zu führen – dem Namen des englischen Königshauses seit Queen Victoria.

Windsor Castle, gelegen auf einem Kreidefelsen am Ufer der Themse südwestlich von London, ist das älteste und größte noch bewohnte Schloss der Welt.

Der Untere Hof von Schloss Windsor während der Feierlichkeiten zur Verleihung des Hosenbandordens. Im Hintergrund das Wahrzeichen des Komplexes, der Runde Turm.

Schon seit 1110 ist die 1080 unter Wilhelm dem Eroberer begonnene Anlage königliche Residenz. Die meisten Teile des mittelalterlich anmutenden Gemäuers stammen jedoch aus dem 19. Jh. In ihm sind das Königliche Archiv und die Königliche Gemäldesammlung mit Werken von Holbein, Rubens und Rembrandt untergebracht. Die Königin ist hier an Wochenenden, an Ostern und dann noch einmal im Juni anwesend, wenn sie am Jahrestag der Schlacht von Waterloo ein Bankett gibt, von hier aus das Pferderennen im nahen Ascot besucht und am „Garter-Day", dem alljährlichen Zusammentreffen der Ritter des Hosenbandordens, teilnimmt. Dessen kirchlicher Teil findet in der Georgskapelle statt, einem unter Heinrich VIII. in spätgotischem Stil vollendeten Kirchenbau. Er sowie neun andere englische Monarchen wurden hier bestattet. Zuletzt war die Kapelle Schauplatz der Trauerfeiern für die Mutter der Königin, die Hochzeit ihres jüngsten Sohnes und die kirchliche Segensfeier im Anschluss an die zweite Eheschließung von Prince Charles.

Während die kirchlichen Gebäude den Unteren Hof des Schlosses einnehmen, befinden sich im Viereck des Oberen Hofs die privaten sowie die Staatsgemächer. Sie wurden 1992 durch ein Feuer schwer beschädigt.

Winnie-the-Pooh

Immer auf der Suche nach Honig: Pu-der-Bär.

Eine Millionen Exemplare wurden im Erscheinungsjahr verkauft, Gene Kelly und James Stuart haben es vorgelesen, sein Held erhielt einen Stern auf dem Walk of Fame in Hollywood – Winnie-the-Pooh, das beliebteste Kinderbuch für Generationen von Engländern, mit einem bärigen Helden. „Hier kommt nun Eduard Bär die Treppe herunter, rumpeldipumpel, auf dem Hinterkopf, hinter Christopher Robin. Es ist dies, soweit er weiß, die einzige Art treppab zu gehen, aber manchmal hat er das Gefühl, als gäbe es in Wirklichkeit noch eine andere Art ... Jedenfalls ist er jetzt unten angekommen und bereit, dir vorgestellt zu werden. Pu-der-Bär." Dabei ist er doch ein normales Stofftier, ein bei Harrod's erworbener Plüschbär, der Christopher Robin gehört, dem Sohn von Pus Erfinder, Alan Alexander Milne. Inspiriert von den Stofftieren seines Sohnes dichtet er eine ganze Welt um den Bären herum: Pus besten Freund Ferkel, ein ängstliches Schweinchen, die altkluge Eule, Kaninchen, ausgestattet mit einer harten Schale und weichem Kern, den harmlosen Tiger Tigger sowie die Kängurumutter Känga und ihr Junges Ruh. Und natürlich I-Ah, den schnell gelangweilten und leicht depressiven Esel. Sie alle erleben gemeinsam mit Christopher im Hundert-Morgen-Wald allerhand Abenteuer, die zur Sensation werden. Endlich einmal ein Kinderbuch ohne erhobenen Zeigefinger, ohne Besserwisserei. 1926 veröffentlicht Milne den ersten Band von „Pu der Bär", zwei Jahre später folgt ein weiterer. Mit ihren Nonsens-Dialogen, den kuriosen Reimen und witzigen Kommentaren werden beide Welterfolge, ihr Autor berühmt. Milne werden Werbeverträge für Unterwäsche und Seife angeboten, doch er lehnt ab. Eigentlich will er als „seriöser" Schriftsteller ernstgenommen werden. Auch sein Sohn wird nicht so recht glücklich damit, der ewig kleine Junge aus „Pu der Bär", zu sein, dem Bären, den alle lieben.

Er ist ein wenig naiv und äußerst verfressen, stets bereit, etwas zu erleben und immer freundlich.

HUN

Yorkshire Pudding

Die unverzichtbare Beilage zum Roastbeef ist, abgesehen vom Meerrettich, der Fleischsoße und den Bratkartoffeln, der Yorkshire Pudding.

Er wird aus einem Eierkuchenteig hergestellt und portionsweise in kleinen Pasteten- oder Muffinformen oder wie ein Kuchen gebacken und dann aufgeschnitten. Er hat nichts mit den Puddings zu tun, die man im deutschen Sprachraum kennt, auch innerhalb der englischen Küche nimmt er eine Sonderstellung ein.

Die drei wichtigsten Zutaten sind Mehl, Eier und Milch, die, gemeinsam mit einer Prise Salz, verrührt werden. Danach muss der sehr flüssige Teig, dem auch noch Pfeffer, Petersilie und Muskatnuss zugegeben werden können, erst einmal für eine halbe Stunde ruhen. Die traditionell mit Rinderfett oder Speck eingeriebene Form – heutzutage werden auch Butter oder Öl verwendet – wird anschließend im Ofen vorgeheizt, bis sie zu rauchen anfängt. Anschließend wird der Teig eingefüllt und etwa 15 Minuten gebacken bis er goldbraun und wie ein Souflée aufgegangen ist. Wie dieses muss auch der Yorkshire Pudding möglichst schnell verzehrt werden, da er ansonsten zusammenzufallen droht. Dass sich seine knusprige Kruste schnell mit Soße vollsaugt ist beabsichtigt, gerade deswegen ist er so beliebt.

Seinen Namen hat der Yorkshire Pudding seit dem 18. Jh., als Hannah Glasse, Autorin eines berühmten Kochbuches, die vorher als „Dripping Pudding“ – Bratenfett-Pudding, bekannte Speise umtaufte und nach der größten der englischen Grafschaften benannte.

Ursprünglich wurde der Pudding vor dem Fleisch serviert, aber gleichzeitig mit diesem gegart. Man packte die Form dazu unter den Rost mit dem Roastbeef, sodass der Bratensaft direkt auf den Pudding tropfen konnte. So war der Magen schon mit einer günstigen Speise gefüllt und perfekt auf den Fleischgang vorbereitet. Mit Konfitüre, Zuckersirup, getrockneten Früchten oder Sahne kann man den Yorkshire Pudding auch als Nachtisch zubereiten.

Roastbeef und Yorkshire-Pudding – Klassiker der englischen Küche.

Bildnachweis:

Alle Bilder dpa/picture alliance, Frankfurt am Main
außer S. 73 und S. 131 mauritius images